Edition Delius

ANDRE FELICIO

★ ★ ★

ORIGINAL BRASILIAN BBQ

Grillen wie die Gauchos

Aus dem Englischen von Heinrich Degen

DELIUS KLASING VERLAG

BARREIRO
CACHAÇA
Brazil
Original
Serra
"DA BOA"
Esperança
CACHAÇA
PITÚ
Bousquet
dj
500 ml
cachaça
CHAPÉU DE PALHA
PRATA
Do Mago
CACHAÇA
BOAZINHA
saturno
PELIZA
CONTINENTAL
TRIPLE SEC
CONTINENTAL
TRIPLE SEC
PISCO
Mistral
NOBEL
CHAMBORD
CAWSEY'S
TRADITIONAL COCKTAIL SYRUP
BARTENDER'S CHOICE
Grenadine
DRY
DOLIN
VERMOUTH DE CHAMBÉRY
LIQUEUR DE PASTÈQUE
VEDRENNE
LIQUEUR DE PASTÈQUE
VEDRENNE
MEDALLA REAL
CABERNET SAUVIGNON
Santa Rita
HAY SHED HILL
MARGARET RIVER
MISTERIO
CABERNET SAUVIGNON
2013
MISTERIO
CABERNET SAUVIGNON
2013
FRACTAL
FRACTAL
Swings & Roundabouts
MARGARET RIVER
Cabernet Merlot
2013
2012
CABERNET MERLOT
'TRINDERS'
CAPE MENTELLE
MARGARET RIVER

INHALT

RIO DE

JANEIRO

Braza

Etwas Geschichte ...

In Brasilien ist ein Barbecue ohne kleines Fußballspiel undenkbar. Wir Brasilianer glauben, dass unsere Bevölkerung aus 200 Millionen Fußballtrainern und Grillmeistern (*churrasqueiros*) besteht.

Die Begeisterung für Fußball wie Barbecue ist in Brasilien groß, und fast jeder meint, alles über beide Themen zu wissen. Debatten darüber sind also völlig normal bei einem brasilianischen Grillfest. Vielleicht hat sich das brasilianische Barbecue auch gerade deshalb zu seiner heutigen Form entwickelt.

Die Barbecuetradition in Brasilien geht auf die Mitte des 18. Jahrhunderts zurück, als man begann, die wild lebenden Rinder der Pampas (im Süden Brasiliens und im Norden von Argentinien und Uruguay) für die Fleischproduktion einzufangen. Die Gauchos, die Cowboys der Pampas, mussten die Rinder über große Entfernungen transportieren. Sie ernährten sich dabei auf die für sie einfachste und praktischste Art und Weise: Über einem Lagerfeuer wurden auf Spieße gesteckte Fleischstücke geröstet und mit Salz gewürzt. Diese Art der Zubereitung wurde dann in ganz Brasilien und weltweit populär.

Die mit dem Begriff Rodízio umschriebene Art, viele verschiedene Fleischsorten vom Drehspieß zu servieren, wurde angeblich in den 1960er-Jahren in einem Grillhaus im Süden Brasiliens erfunden. Eines Tages ging es da mittags besonders hektisch zu. Die Kellner verloren den Überblick und lieferten die falschen Bestellungen aus: Ein Tisch, der Lamm geordert hatte, bekam Rind; Schwein wurde anstelle von Rind serviert und so weiter. Die verärgerten Gäste beschwerten sich, sodass der Besitzer seine Kellner anwies, allen Tischen zu einem Einheitspreis alle Fleischvarianten anzubieten. Am Ende waren alle Gäste satt und höchst zufrieden mit dem Service. So wurde das berühmte Rodízio erfunden.

Meine eigene Reise in die Welt des Barbecue und der Fleischzubereitung begann vor langer Zeit während meiner Kindheit in der brasilianischen Stadt Piracicaba im Bundesstaat São Paulo. Ich half meinem Vater immer, wenn wir ein Barbecue veranstalteten. Da ich jünger war und meine Beine belastbarer waren als seine, bat er mich, auf den Grill aufzupassen. So konnte er sich hinsetzen und sein Bier genießen, während ich mich um das Fleisch kümmerte. Damals war ich vielleicht 13 Jahre alt. Auch meine Mutter brachte mir viel bei, denn sie weihte mich in die Geheimnisse des Fleischmarinierens ein. Bis heute verwende ich einige ihrer Rezepte. Ihr verdanke ich viel Wissen – sie ist einfach die beste Köchin!

Seit diesen frühen Jahren in Brasilien habe ich eigentlich nie mit dem Grillen aufgehört und werde es hoffentlich auch nie tun. Ich bin stolz auf diese besondere Zubereitungsart und ich koche (und esse) wirklich gerne. Eine der größten Freuden als Restaurantbesitzer ist es, wenn ein zufriedener Gast beim Verlassen des Lokals sagt: »Das ist das beste Fleisch, das ich in meinem ganzen Leben gegessen habe.« Denn darum darum geht es letztendlich. Barbecue soll die Menschen glücklich machen. Für mich ist es grundsätzlich wichtig, dass Essen Freude bereitet.

Einige Jahre später besuchte ich die Universität, um Bauingenieur zu werden. Gleichzeitig perfektionierte ich aber meine Grillkenntnisse. Ende 1999 ging ich nach Australien und begann meine berufliche Karriere als Koch.

Ich bin nach Australien gegangen, um dort zu studieren, mein Englisch zu verbessern und die Olympischen Spiele 2000 mitzuerleben. Und ich erkannte bald, dass ich mich richtig entschieden hatte. Nach wenigen Monaten begann ich als »Passador« im Rio's Brazilan BBQ House. Bald beaufsichtigte ich die Salatbar und half den Köchen bei der Salatzubereitung. Als man einige Zeit später jemanden in der Küche brauchte, fiel die Wahl auf mich. Da ich schon immer gerne gekocht hatte, war dies ein wichtiger Schritt für mich. Johnny, der Chefkoch, war einfach großartig. Er brachte mir eine Menge bei. Rio's war eine tolle Arbeitsstelle, und Richard, der Inhaber, vermittelte uns das Gefühl, eine große Familie zu sein.

Eines Tages veranstalteten wir eine Geburtstagsparty für einen der Mitarbeiter. Da ich in Brasilien schon immer gegrillt hatte, bot ich an, mich um das Barbecue zu kümmern. Ich legte einige saftige Steaks auf den Grill und genoss den Nachmittag. Plötzlich kam Richard zu mir und fragte, ob ich nicht lernen wollte, wie man für ein Restaurant grillt. Natürlich sagte ich Ja. Seitdem betreibe ich das Grillen professionell – und ich liebe es!

Nach dreieinhalb Jahren im Rio's, dreieinhalb Jahren im Wildfire und einem Jahr bei Pony Dining und in anderen Restaurants beschlossen meine Frau und ich, im November 2007 ein erstes BRAZA-Restaurant zu eröffnen. Für uns war klar, dass wir in Australien bleiben wollten. Also suchten wir den richtigen Standort für ein echtes brasilianisches BBQ-Restaurant, eine Churrascaria. Unser erstes BRAZA eröffneten wir in Leichhardt im Inner West von Sydney.

Nach mehr als acht Jahren und drei weiteren Restaurants beschloss ich, meine Erfahrungen auch anderen zugänglich zu machen. Dabei dachte ich an ein Buch, das ich mit meiner Familie und meinen Freunden teilen könnte.

Alle Rezepte wurden sorgfältig und ganz bewusst für dieses Buch ausgewählt. Viele Inspirationen verdanke ich meiner Mutter und den verschiedenen Chefs, mit denen ich gearbeitet habe. Die Rezepte sind deshalb etwas ganz Besonderes für mich – und hoffentlich auch bald für meine Leser.

Das Buch soll einen kulinarischen Eindruck von BRAZA und Brasilien vermitteln: deshalb einfach ausprobieren und genießen!

Es ist mir eine Ehre und Freude, einige der Rezepte des BRAZA mit meinen Lesern teilen zu können.

Mit meiner Mutter in der Küche des BRAZA.
Sie brachte mir alles über das Marinieren von Fleisch bei.

Braza Churra

BRAZA – was ist das?

Die BRAZA Churrascaria ist ein brasilianisches Grillrestaurant. Natürlich wollen wir das beste brasilianische Grillhaus sein, und unser wichtigstes Ziel ist es, unsere Gäste zufrieden, glücklich und satt zu machen.

BRAZA-Restaurants sind wie eine große Familie. Hier werden Familien bedient, hier wird gefeiert, hier treffen sich die Leute, verlieben sich, heiraten und gründen Familien. Tatsächlich haben sich viele Paare im BRAZA kennengelernt – ich kann schon nicht mehr zählen, wie viele.

Im BRAZA servieren wir ausgewählte Fleischsorten, die auf traditionelle Art wie in Brasilien zubereitet werden. »Passadors«, die Servicekräfte, gehen mit den großen Fleischspießen durchs Lokal, und jeder wählt aus, was und wie viel er gerne möchte. Zu einem Fixpreis kann man von über 20 verschiedenen Spießvarianten probieren. Einige Rezepte dafür gibt es in diesem Buch.

Jedes BRAZA-Restaurant hat eine eigene Bar, die ein breites Cachaça-Sortiment anbietet. Diese traditionelle brasilianische Spirituose ist die Hauptzutat des weltbekannten Caipirinha.

Barbecue – ein echtes Vergnügen

Was gibt es Schöneres als ein Grillfest mit der Familie und Freunden? Es geht dabei um viel mehr als nur um das Essen. Ein Barbecue ist ein geselliges Ereignis, bei dem sich die Leute treffen, um Spaß zu haben. In Brasilien beginnt ein richtiges Barbecue meist mittags und endet so gegen 22 Uhr, manchmal auch erst um Mitternacht. Das Ganze läuft gemütlich ab und wird gerne von dem einen oder anderen Fußballspielchen begleitet.

Die Leute sind ganz entspannt und teilen sich das gegrillte Fleisch. Ein stilechtes brasilianisches Barbecue sollte natürlich mit einem Caipirinha anfangen, dem berühmten Cocktail aus Cachaça. Und ein brasilianisches Barbecue ohne die berühmte, über Holz und Holzkohle gegrillte *Picanha* (Schwanzstück oder Tafelspitz) ist undenkbar. Für ein brasilianisches Barbecue ist ein Holzkohlefeuer einfach unerlässlich.

Auch das Bier sollte man auch nicht vergessen. Was ist ein Barbecue ohne Bier – einfache Antwort: nichts! Bier ist die perfekte Ergänzung zum Grillfleisch. Mit der heute verfügbaren Vielfalt an Biersorten hat man viele Möglichkeiten, das jeweils passende Bier zu den verschiedenen Fleischvarianten zu finden.

Eine meiner Lieblingsphasen eines Barbecue ist die Zeit, bevor die Gäste eintreffen. Ich genieße die Vorbereitungen und das Anzünden des Feuers, das ich mit Hingabe zelebriere. Und ich liebe es, das Fleisch, die Marinaden, Saucen und Salate zuzubereiten und die Utensilien bereitzulegen, die ich brauche. All das geschieht ohne Hektik, denn ein Grilltag ist dazu da, die Gesellschaft von Freunden und der Familie zu genießen.

Ein Wort vorab auch noch zum Thema Zeitmanagement: Einige Gerichte bedürfen einer langen Vorbereitungszeit – was nicht heißt, dass man stundenlang mit ihnen beschäftigt ist, aber dass man sie beispielsweise am Vortag mariniert und über Nacht ruhen lässt. Rezepte dieser Art sind mit folgendem Symbol gekennzeichnet:

Ich möchte allen meinen Lesern gerne vermitteln, wie wichtig es ist, die Dinge, die man tut, mit Hingabe und Freude anzugehen. Denn es ist Zeitverschwendung, Dinge zu tun, die einen nicht glücklich machen. Also: Einfach die Sorgen beiseiteschieben und viele Barbecues genießen!

So baut man einen einfachen Gartengrill aus Ziegelsteinen

Ein Grill aus Ziegelsteinen ist meines Erachtens die beste Variante. Und das liegt daran, dass die in einem solchen Grill erzeugte Hitze ideal ist und lange anhält. Denn die Ziegelsteine speichern die Wärme, und so wird weniger Brennholz und Holzkohle benötigt.

Im Folgenden zeige ich, wie man einen Gartengrill aus Ziegelsteinen bauen kann. Natürlich gibt es jede Menge Möglichkeiten bezüglich der Größe, und wer will, kann den Grill auch richtig mit Sand und Zement mauern.

Für meine Variante werden 140 massive Ziegelsteine benötigt. Noch besser ist es, wenn man Schamottsteine bekommen kann.

Und nun, einfach der Anleitung folgen!

1 *Wichtigster Schritt: Festlegung der Größe.*

2 *Mit Ziegelsteinen auslegen. Ein solides Fundament ist ebenfalls sehr wichtig.*

3 *Die erste Schicht ist fertig.*

4 *Die zweite Schicht: auf die Ausrichtung der Steine achten.*

5 *Von der Seite betrachtet die dritte Schicht.*

6 *Die vierte Schicht ist fertig. Es reichen aber auch drei.*

7 *Bau des Feuerraums.*

8 *Eine Öffnung sorgt dafür, dass Luft von außen die Verbrennung der Kohle unterstützen kann. So lässt sich auch die Hitze und Grillintensität steuern.*

9 *Der Grill ist fertig. Ganz einfach!*

10 *Ein Rost aus dem Backofen und einige Spieße – schon geht's los.*

Holz und Holzkohle

Was wäre ein brasilianisches Barbecue ohne Holz und Holzkohle? Eine klare Antwort: Es wäre kein brasilianisches Barbecue!

Holz und Holzkohle sind eine ebenso wichtige »Zutat« wie das Fleisch, davon bin ich felsenfest überzeugt. Sie wirken sich enorm auf den Geschmack des damit gegrillten Fleisches aus. Das Interessante dabei sind die unterschiedlichen Geschmacksvarianten, die man mit verschiedenen Holz- und Kohlearten erzielt.

Beim Kauf von Holzkohle sollten man darauf achten, aus welchem Holz und aus welchen Teilen (Zweige, Stamm oder Wurzeln) sie gemacht wurde. Wurzeln und Stamm liefern größere Stücke, die länger brennen und so eine intensivere Hitze erzeugen.

Das zum Grillen verwendete Brennholz muss einen »Reifeprozess« durchlaufen, bei dem es durchtrocknet. Manche Holzarten brauchen bis zu zwei Jahre, um richtig zu trocknen. In Australien gibt es einige gute Hartholzarten, die man verwenden kann. Am häufigsten werden folgende Hölzer eingesetzt:

Eukalyptus: Liefert ein sehr natürliches, holziges Aroma und ist ideal zum Grillen, denn das Holz entwickelt eine intensive Hitze, die auch lange anhält.

Eiche: Eiche wird gerne für Fässer verwendet, in denen Wein und Whisky reifen. Das Holz gilt als eines der besten zum Kochen. Eichenholz gibt ein intensives, rauchiges Aroma und eignet sich wunderbar, weil es gut und langsam ohne zu große Flammen brennt.

Apfel: Für manche ist es *das* Grillholz überhaupt. Dem kann ich nur zustimmen, denn das Holz eines Apfelbaums gibt dem Fleisch eine ganz spezielle rauchig-fruchtige Süße. Es wird auch gern zum Räuchern verwendet. Langsam bei Niedrigtemperatur garen – da kann man nichts verkehrt machen.

Hickory: der Favorit unter den Räucherhölzern. Es liefert ein intensives süßes Speckaroma. Als Hartholz verbrennt es langsam und erzeugt eine angenehme Hitze.

Vorbereitung und Anzünden des Grills

Aufgrund meiner langjährigen Erfahrung beim Feuermachen gelingt es mir mittlerweile, ein Feuer mindestens 4 Stunden am Brennen zu halten. Damit ist die reine nutzbare Grillzeit gemeint, ohne die für das Anzünden und Durchglühen benötigte Zeit.

Ich mische gerne Brennholz mit Holzkohle. Einfach einige mittlere bis große Holzscheite einer Lieblingssorte auswählen und gleichmäßig auf dem Boden des Grills verteilen. Darauf kommt dann reichlich Holzkohle, die das Holz teilweise bedecken darf.

Aus Küchenpapier zwei kleine Bälle formen und diese gut verteilt in die Holz-Kohle-Mischung drücken. Etwas Pflanzenöl über die Papierbälle gießen.

Dann das mit Öl getränkte Papier mithilfe eines Streichholzes oder Feuerzeugs anzünden. Das Feuer braucht etwa 1 Stunde, bis es ideal zum Grillen ist.

Nach dieser Zeit sollte das Holz durchgeglüht sein und mit hellen Flammen knisternd brennen – das »Braseiro« oder »Braza« ist bereit.

Jetzt ist nur noch wichtig zu wissen, wie sich die Bereiche schwache, mittlere und starke Hitze beim eigenen Grill verteilen. Meist befindet sich in der Mitte die heißeste Stelle, zu den Rändern hin nimmt die Wärme ab. Erfahrungsgemäß ist ein Grillfeuer aber nicht immer gleich. Viel hängt nämlich vom Wetter, dem Wind oder dem Brennverhalten des verwendeten Holzes und der Holzkohle ab. Doch es ist wichtig, die Temperaturverteilung zu kennen.

1 *Das Holz auf dem Boden des Grills ausbreiten.*

2 *Die Holzkohle darauflegen.*

3 *Die Feuerstelle ist fertig zum Anzünden.*

4 *Das Küchenpapier in die Kohle drücken.*

5 *Das Pflanzenöl auf das Papier gießen.*

6 *Das Papier vorsichtig anzünden, ohne sich zu verbrennen.*

7 *Das Feuer entwickelt sich.*

8 *Hier ist der Bereich links von der Mitte am heißesten.*

Salz und wie man es verwendet

Salz ist die wichtigste Würzzutat beim Grillen. Auch wenn man die besten Zutaten der Welt verwendet – ohne Salz wird das Grillgut nicht so gut und geschmackvoll werden, wie es sein sollte. Das garantiere ich!

Heute gibt es verschiedenste Salzvarianten. Neben dem normalen Tafelsalz, das wir vermutlich alle täglich verwenden, greife ich gerne zu folgenden Salzvarianten:

Rotes Salz: Dieses Salz kommt aus dem Himalaja. Es ist sehr intensiv und wird zunehmend beliebter.

Steinsalz: Das grobe Salz gehört zu jedem echten brasilianischen Barbecue.

Meersalz: Es passt ideal zu Steaks.

Aroma- und Rauchsalze: Sie schmecken gut und laden zum Experimentieren ein.

Für meine Fleischrezepte verwende ich hauptsächlich Stein- und Meersalz. Für Saucen, Salate und Beilagen greife ich meist zu feinem Tafelsalz.

Mit Salzen können Sie wunderbar experimentieren. Einfach selbst verschiedene Aromasalze mischen und ausprobieren.

Der Zeitpunkt, wann das Fleisch gewürzt wird, ist entscheidend und variiert je nach Fleischsorte. Huhn kann man gut ein bis zwei Tage vor der Zubereitung salzen. Bei Rind, Lamm, Schwein, Fisch und Meerestieren empfehle ich unbedingt, sie erst kurz bevor sie auf den Grill kommen, zu würzen. So verhindert man, dass diese Fleischsorten ihren natürlichen Saft verlieren oder austrocknen.

In vielen der Rezepte steht der Hinweis »in eine Marinierschale legen«. Ich finde diese Schalen sehr praktisch. Wer glaubt, bei der Zubereitung von Fleisch auf dem Grill ohne dieses nützliche Zubehör auszukommen, hat dessen Vorzüge noch nicht entdeckt. Man kann alternativ auch eine Auflaufform, ein Backblech oder eine große Schüssel verwenden, um das Fleisch mit Salz, Pfeffer und etwas Öl zu würzen.

1 Schwanzstück in einer Marinierschale oder Glasform mit Öl und Salz beträufeln.

2 Das mit Salz, zerstoßenem Pfeffer und Pflanzenöl gewürzte Fleisch.

3 Seitenansicht. Herrlich!

1 *Das Fleisch zunächst mit der Fettseite nach unten auf den Grill legen.*

2 *Blick aus dem Inneren des Grills. Sobald das Fett zu brennen beginnt, das Fleisch umdrehen. Immer wieder drehen, bis es rundum angebraten ist.*

3 *Die Fettseite sieht sehr gut aus.*

4 *Blick von der Seite auf den Grill: Das Fleisch ist im Endstadium der Röstphase. Daneben liegen einige Würstchen und ein aufgeklapptes Hähnchen.*

5 *Das Fleisch muss auf einem Schneidebrett noch etwas ruhen – 5–10 Minuten sind ideal.*

Fleisch anbraten und ruhen lassen

Das Anbraten ist, unabhängig von der Größe des Fleischstücks, ein sehr wichtiger Schritt beim Grillen. Die weitverbreitete Überzeugung, dass ein Fleischstück durch scharfes Anbraten einen Teil seines natürlichen Saftes verliert, ist einfach falsch.

Beim scharfen Anbraten eines Fleischstücks wandert dessen Saft zur Mitte hin, wodurch er gerade im Fleisch verbleibt. Die sich dabei bildende dünne Kruste an der Außenseite ist leider durchlässig und kann ein Austreten des Safts nicht ganz verhindern. Das beim Garen hörbare zischende Geräusch entsteht durch austretendes und verdampfendes Wasser.

Am besten brät man Fleisch bei starker Hitze scharf an. So bildet sich eine schöne knusprige, karamellisierte Kruste, die dem Fleisch ein intensives Aroma verleiht. Genau das ist ja der Sinn des Bratens – so bekommt man Geschmack!

Muss das Fleisch wirklich ruhen?

Die Ruhephase ist wichtig, um den Saft im Fleisch zu halten. Das gelingt nicht völlig, ein kleiner Teil der Flüssigkeit verdampft beim Ruhen. Wenn man aber ein fertig gegartes Steak sofort aufschneidet, verliert es viel Flüssigkeit – etwa 10 Prozent seines Gesamtgewichts. Lässt man es 5–10 Minuten ruhen, verringert sich das Gesamtgewicht nur um etwa 2 Prozent.

Die Erklärung dafür ist ganz einfach. Beim Garen spannt sich der Fleischmuskel, und die frei gewordene Flüssigkeit wandert ins Zentrum des Fleischstücks. Gönnt man ihm etwas Ruhe, entspannen sich mit der sinkenden Temperatur die Muskeln, und der Fleischsaft kehrt langsam wieder in die äußeren Schichten zurück. Das Fleisch wird angenehm saftig.

Natürlich wird Fleisch umso trockener, je stärker es durchgebraten wird. Ein wirklich intensiv durchgegartes Fleisch braucht man nicht mehr ruhen lassen, denn der Fleischsaft ist bereits weitgehend verdampft.

Fleisch schneiden

Die Sache ist ganz einfach: Fleisch wird immer quer zur Faser geschnitten!

Doch was bedeutet das? Fleisch besteht aus langen Muskelfasern, die dicht beieinander liegen (ganz ähnlich wie Holzfasern). Man setzt das Messer quer zu den Fleischfasern an und schneidet das Fleisch wie gewünscht auf. Für ein Steak sind 1–2 cm eine gute Dicke.

Allerdings sollte man bedenken, dass manche Fleischstücke aus zwei oder mehreren unterschiedlichen Muskelpartien bestehen. In diesem Fall ist die Sache dann doch nicht ganz so einfach. Man sollte dann versuchen, eine möglichst quer zur Faser verlaufende Schnittlinie zu finden.

1 *Ein Schwanzstück: Der Faserverlauf ist gut zu erkennen.*

2 *Nach dem Ruhen wird das Fleisch quer zur Faser aufgeschnitten.*

3 *Steaks aus dem Fleischstück schneiden: Die von vorne nach hinten verlaufenden Muskelfasern sind gut zu sehen.*

4 *Die aufgeschnittenen Steaks können gleich gegrillt werden.*

5 *In der Marinierschale wird mit Salz gewürzt.*

6 *Die Fleischstücke kommen erneut auf den Grill.*

7 *Wenden, um die andere Seite zu grillen.*

8 *Blick aus dem Inneren des Grills.*

9 *Die Steaks quer zur Fettschicht in Stücke schneiden (zuvor etwas ruhen lassen).*

10 *Schöne, gut geschnittene Stücke.*

Grill und Koch – einige Regeln

DER GRILL

Ein Grill ist kein Abfalleimer. Kronkorken, Zigarettenkippen, Knochen und andere obskure Dinge haben darin nichts zu suchen. Das ist wirklich wichtig, denn man kann den Geschmack des Fleisches schnell ruinieren, wenn man den Grill als Mülleimer missbraucht. Also ganz einfach: Abfall gehört in den Müll.

Nie Wasser in den Grill kippen, um die Flammen einzudämmen. Besser, man nimmt das Fleisch kurz von den Flammen weg oder man vergrößert den Abstand zwischen Fleisch und Feuer. Gießt man Wasser in die Glut, hilft das 1, 2 Minuten, dann ist sie wieder so intensiv wie zuvor. Außerdem ist das Fleisch hinterher über und über mit unangenehmen Ascheteilchen bedeckt.

DER KOCH

Man sollte sich nie an einem Grill zu schaffen machen, ohne zuvor den Koch um Erlaubnis gebeten zu haben. Er hat bestimmt einen Plan für den Ablauf im Kopf. Also erst fragen, und wenn er es erlaubt, kann man sich nützlich machen.

Dem Grillmeister auf keinen Fall erklären, wie er das Fleisch zu garen hat. Wenn man glaubt, eine bessere Methode zu kennen oder über mehr Wissen zu verfügen, dann sollte man erst vorsichtig vorfühlen, ob der Koch an einer anderen Meinung interessiert ist.

Den Koch nicht drängeln, wann und wie das Fleisch serviert werden soll.

Den Grillmeister unbedingt mit einem kühlen Bier versorgen, denn am Grill ist es wirklich heiß. Das ist überlebensnotwendig.

SAUBERKEIT

Grillen ist auch mit allerlei Schmutz verbunden. Für den gelungenen Ablauf eines Barbecue sind eigene Hygiene und Sauberkeit von Geräten und Ausrüstung eine wesentliche Voraussetzung.

Toll, wenn man ein Spülbecken in Grillnähe hat und so alle Gerätschaften stets sauber halten kann.

Ein Schwamm, etwas Spülmittel und ein sauberes Geschirrtuch reichen schon. Ist kein Spülbecken in der Nähe, kann man Küchenpapier zum Reinigen verwenden, doch irgendwann kommt man ohne Wasser nicht mehr aus. Man kann auch einen großen Wasserbehälter mit Hahn bereitstellen und einen Eimer für das Schmutzwasser – und natürlich einen Schwamm und Spülmittel. Das klingt kompliziert, doch diese Lösung lässt sich leicht realisieren. Wir nutzen sie für unsere Partys unter freiem Himmel.

Man sollte sich regelmäßig die Hände waschen und bei großer Hitze ein Handtuch bereitlegen, um sich den Schweiß abzuwischen.

All diese kleinen Dinge machen ein Barbecue um so vieles angenehmer.

So schärft man seine Messer

Ein gutes, scharfes Messer ist eine grundlegende Voraussetzung. Zum Schärfen braucht man einen Wetzstein und einen Wetzstahl.

Der Stein wird auf ein feuchtes Tuch oder Küchenpapier gelegt, damit er nicht verrutscht. Dann kann man den Stein mit Öl oder Wasser benetzen. Ich verwende Wasser, doch das kann jeder selbst entscheiden. Nun etwas Wasser oben auf den Stein gießen und gründlich mit den Fingern verteilen. Dann die Finger seitlich auf die Messerklinge legen, deren Spitze im rechten Winkel zum Stein zeigt. Die Schneide befindet sich dabei in einem Winkel von 10–15 Grad auf dem Stein. Die Klinge der Länge nach bis zum Griffansatz über den Stein ziehen. Ich empfehle, diesen Vorgang 50 Mal pro Seite auszuführen. Bei einem wirklich stumpfen Messer kann es noch länger dauern.

Dann kommt der Wetzstahl zum Einsatz, der dem Messer den letzten Schliff verleiht. Den Stahl so in die eine Hand nehmen, dass er im Winkel von etwa 30 Grad vom Körper wegzeigt. Das Messer in die andere Hand nehmen und senkrecht dazu wieder im Winkel von 10–15 Grad am Stahl entlangführen. Diesmal setzt man das Messer am Ende der Klinge an und zieht es bis zur Spitze durch. Nach jedem Zug die Seite wechseln. Gut auf die Finger aufpassen, wenn Sie noch wenig Übung haben.

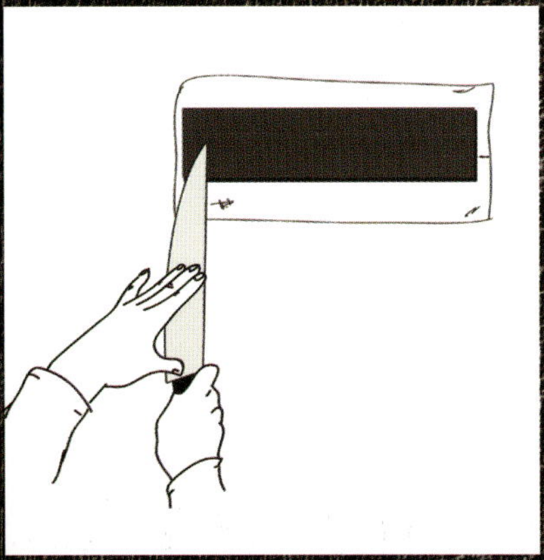

1 ***Die korrekte Ausgangsposition des Messers vor dem Ziehen über den Stein. Dabei auf einen Winkel von 10–15 Grad zwischen Klinge und Stein achten.***

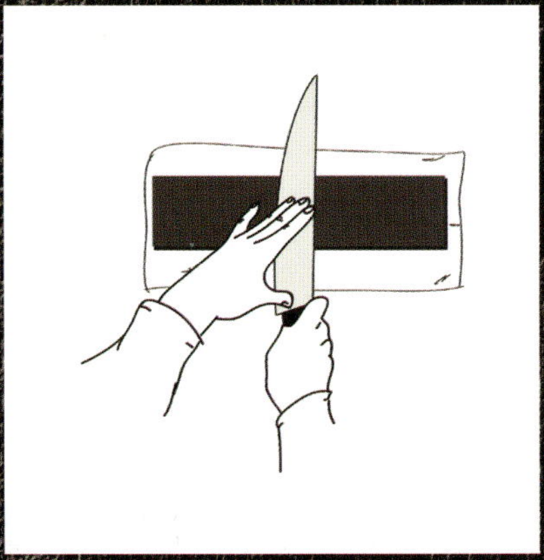

2 ***Beim Schleifvorgang sollte die Mitte des Messers auf der Mitte des Steins aufliegen.***

3 ***Am Ende der Schleifbewegung über die ganze Länge des Steins liegt das untere Klingenende auf dem Ende des Steins.***

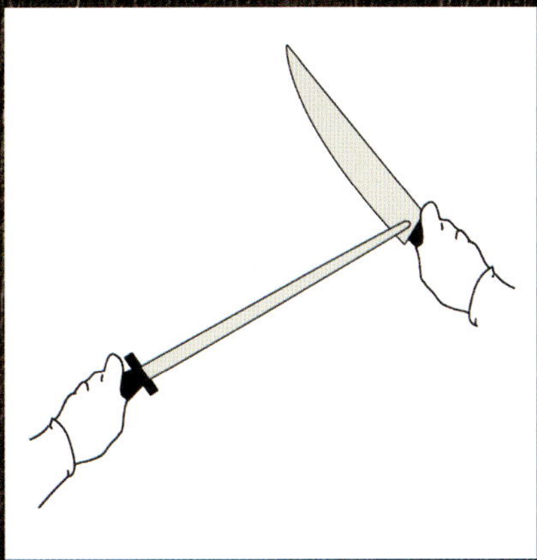

1 *Ausgangsposition beim Einsatz des Wetzstahls: Auf den 90-Grad-Winkel zwischen Messer und Stahl und einen Winkel von 10–15 Grad zwischen Schneide und Stahl achten. Den Stahl in einem 30-Grad-Winkel vom Körper weghalten.*

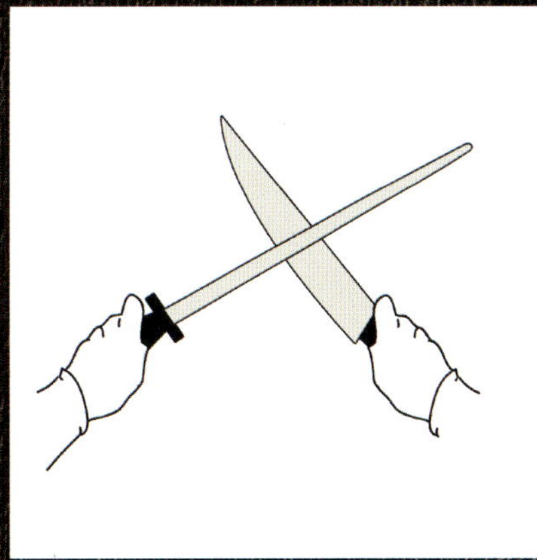

2 *Das Messer am Stahl entlangziehen. Die Mitte des Messers sollte in der Mitte des Stahls liegen.*

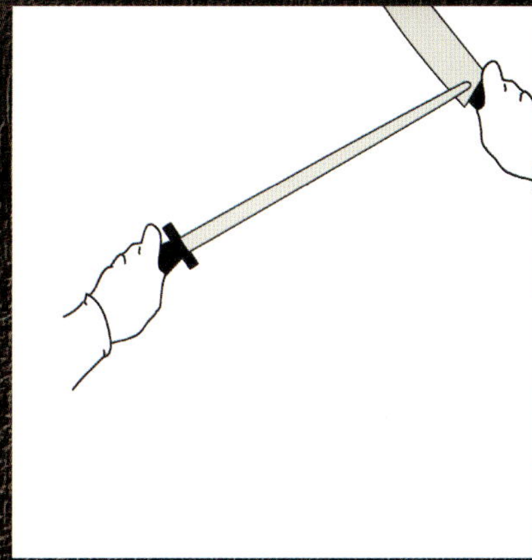

3 *Zum Abschluss die Klinge durchziehen, bis ihre Spitze unten am Ende des Wetzstahls ankommt.*

4 *Schärfen der anderen Seite. Das untere Ende der Klinge liegt an der Spitze des Stahls an.*

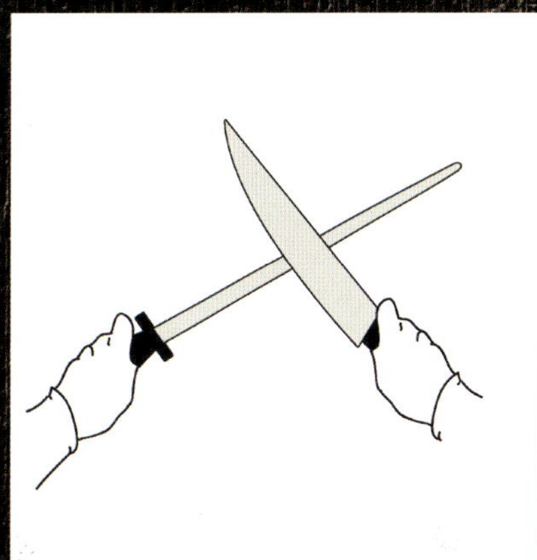

5 *Mitte auf Mitte …*

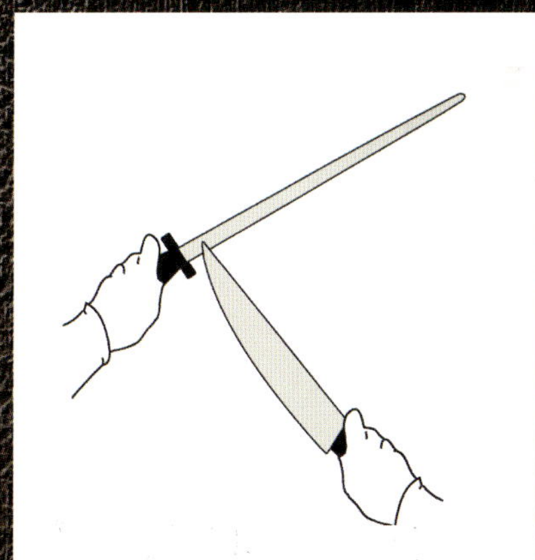

6 *… Spitze auf Ende.*

Ausstattung für das Grillen

Ein gelungenes Barbecue fängt mit gutem Werkzeug und einer sinnvollen Ausrüstung an. Am besten kontrolliert man, ob alles gut organisiert und vor Ort ist, bevor man beginnt. Wer will, kann eine preiswerte Box kaufen, in der alles verstaut wird. Das erleichtert das Leben als Grillmeister spürbar.

Welche Dinge braucht man für ein Barbecue? Hier eine kleine Liste ...

MESSER: zwei gut geschärfte Messer – ein großes zum Aufschneiden der großen Fleischstücke, ein kleineres zum Parieren.

WETZSTAHL: ein Wetzstahl zum Nachschärfen der Messer.

SCHNEIDEBRETTER: zwei Schneidebretter – eines für rohes Fleisch, eines für gegartes Fleisch. Möchte man verschiedene Fleischsorten anbieten, muss das Brett für das rohe Fleisch zwischendurch gründlich gespült werden.

ZANGEN: zwei Zangen, wenn man es mit großen Fleischstücken zu tun hat, sonst eine als Reserve.

SPACHTEL: ein möglichst stabiler Spachtel, mit dem man den Grill reinigen kann. Auch gut zum Wenden von Fisch oder anderen Grillstücken, die leicht auseinanderfallen oder ankleben.

PLATTEN: mehrere Servierplatten; mindestens eine für jede Fleischsorte.

BEHÄLTER: Behälter für das Fleisch: Man sollte Deckel haben, um Fliegen und andere Plagegeister abzuhalten, die plötzlich auftauchen können.

KÜCHENPAPIER: Küchenrollen sind sehr praktisch. Das gebrauchte Papier wird direkt im Mülleimer entsorgt. Geschirrtücher sind weniger geeignet, denn sie werden schnell schmutzig. Zum Abtrocknen von Geschirr sind sie allerdings unverzichtbar.

ABFALLEIMER: Ein Mülleimer mit Deckel ist unbedingt zu empfehlen. Er sollte dicht beim Arbeitsplatz stehen, um sich weite Wege zu ersparen.

MARINIERSCHALE: Diese Schale erleichtert die Arbeit sehr. Sie sollte neben dem Schneidebrett für rohes Fleisch stehen. Daneben werden Salz, Pfeffer, Öl und alle Zutaten aufgestellt, die man zum Würzen braucht.

SCHÜRZE: Wenn man schicke oder neue Kleidung trägt oder die Gäste beeindrucken will, empfehle ich eine Schürze – ansonsten geht's auch ohne.

FLEISCH & MARINADEN FÜR DAS GRILLEN MIT HOLZKOHLE

GEGRILLTES SCHWANZSTÜCK

picanha grelhada

***Picanha*, das Schwanzstück vom Rind, ist das berühmteste und beliebteste Fleischstück für ein anständiges brasilianisches Barbecue. Durch seinen Fettanteil entwickelt es, nur mit Salz gewürzt, beim Garen auf dem Holzkohlegrill einen tollen Geschmack, den man bei keinem anderen Fleischstück bekommt. Ein brasilianisches Barbecue, bei dem keine *picanha* angeboten wird, sollte man sofort wieder verlassen, denn das ist kein echtes brasilianisches Grillfest.**

ZUTATEN

1 ½ kg Schwanzstück (im Ganzen)

30 ml Pflanzenöl

Steinsalz

Für 4–6 Personen

ZUBEREITUNG

Den Grill etwa 1 Stunde vor Grillbeginn anheizen. Das ganze Schwanzstück in eine Marinierschale legen, mit Öl beträufeln und mit Steinsalz einreiben. Bis zur Weiterverarbeitung beiseitestellen.

Das Fleischstück als Ganzes mit der Fettseite nach unten bei schwacher Hitze auf den Grill legen. Vorsicht, denn das Fett kann leicht Feuer fangen. Umdrehen und die andere Seite bei mittlerer bis starker Hitze grillen. Das Fett muss gut durchgegart sein. Fleisch vom Grill nehmen und 10 Minuten ruhen lassen. Dann quer zur Faser in 2 cm dicke steakartige Scheiben schneiden.

Die Steaks in die Marinierschale legen und mit etwas Steinsalz bestreuen. Die Steaks wieder auf den Grill legen und nach Wunsch fertig grillen. Ich empfehle medium rare (rosa).

Mit Tomatensalsa (S. 130), Farofa básica (S. 133) und weißem Reis (S. 137) servieren.

Variante: krosses Schwanzstück (*picanha crocante*). Die Steaks wie oben beschrieben zubereiten und kurz bevor sie fertig sind, in Farofa (S. 133) wälzen, dann auf dem Grill knusprig braten.

SCHWANZSTÜCK AM SPIESS

picanha no espeto

Dies ist der Paradespieß des BRAZA, der Klassiker. Das Schwanzstück eignet sich hervorragend zum Grillen am Drehspieß. Am besten ist es, mir zu vertrauen und dem Rezept Schritt für Schritt zu folgen – du wirst dieses Fleisch bis an dein Lebensende nicht mehr vergessen.

ZUTATEN

1 ½ kg Schwanzstück

Steinsalz

Für 4–6 Personen

ZUBEREITUNG

Alle überflüssigen Hautpartien an der Seite des Schwanzstücks entfernen, den Fettdeckel aber unbedingt erhalten.

Das Schwanzstück in drei Teile schneiden und beim Aufspießen U-förmig zusammenbiegen. Der Fettrand soll außen liegen. Die Stücke fest andrücken, damit sie gut am Spieß halten. Das Fleisch mit Steinsalz bestreuen.

Hat man einen Drehgrill, lässt man das Fleisch rotieren, bis es aufgeschnitten werden kann. Ansonsten legt man es bei mittlerer Hitze mit der Fettseite nach unten auf den Grill.

Sobald der gewünschte Gargrad erreicht ist, von der Außenseite dünne Fleischscheiben abschneiden. Restliches Fleisch am Spieß erneut salzen und zurück auf den Grill geben. Regelmäßig Fleischscheiben abschneiden und dann restliches Fleisch am Spieß weitergrillen. (So wird es traditionell in brasilianischen Churrascarias gemacht.)

SCHWANZSTÜCK MIT KNOBLAUCH

picanha com alho

Ein einfaches Rezept, aber eine großartige Kombination von Zutaten: Du wirst dieses Gericht lieben.

ZUTATEN

3 EL natives Olivenöl extra

2 Knoblauchzehen, fein gehackt

1 ½ kg Schwanzstück (im Ganzen)

Steinsalz

1 EL frisch gehackte glatte Petersilie (optional)

Für 4–6 Personen

ZUBEREITUNG

Den Grill etwa 1 Stunde vor Grillbeginn vorheizen.

Das Olivenöl in einer Pfanne bei mittlerer Hitze auf etwa 70 °C erhitzen. Den Herd abdrehen und den gehackten Knoblauch zugeben. Etwa 15 Minuten ziehen lassen.

Das Schwanzstück in eine Marinierschale legen, mit dem Knoblauchöl beträufeln und mit Steinsalz einreiben. Bis zur Weiterverarbeitung beiseitestellen.

Das Schwanzstück bei schwacher Hitze mit der Fettseite nach unten 20 Minuten auf den Grill legen. Das Fleisch immer wieder etwas drehen, damit es nicht anhängt. Aufpassen, denn die Fettschicht kann schnell Feuer fangen. Fleisch danach wenden und die andere Seite bei mittlerer Hitze grillen. Darauf achten, dass das Fett gut gegart wird. Schwanzstück vom Grill nehmen und 10 Minuten ruhen lassen. Quer zur Faser in 2 cm dicke Scheiben schneiden.

Diese Steaks wieder in die Marinierschale legen und rundum mit dem Knoblauchöl überziehen. Wer mag, kann auch etwas gehackte Petersilie zugeben. Die Steaks zurück auf den Grill legen und nach Belieben garen. Ich empfehle medium-rare (rosa).

GEFÜLLTES SCHWANZSTÜCK

picanha recheada

Dieses Gericht ist Teil unseres speziellen Churrasco-Angebots für Gruppen im BRAZA. Man kann es gut variieren und mit eigenen Ideen experimentieren. In Brasilien nimmt man für die Füllung ganz verschiedene Zutaten wie Würstchen, Huhn oder andere Fleischsorten. Ich verwende hier Schinkenspeck.

ZUTATEN

- **1 ½ kg Schwanzstück (im Ganzen)**
- **10 g geräuchertes Paprikapulver**
- **2 Palmherzen (ca. 10 cm lang)**
- **50 g Speck in Scheiben, klein geschnitten**
- **1 EL frisch gehackte glatte Petersilie**
- **50 g geriebener Parmesan**
- **10 grüne Oliven, entsteint und in Scheiben geschnitten**
- **½ kleine Gemüsezwiebel, gewürfelt**
- **1 Knoblauchzehe, gehackt**
- **Steinsalz**

Für 6–8 Personen

ZUBEREITUNG

Den Grill auf mittlere Hitze vorheizen.

An der dicksten Stelle des Schwanzstücks mit einem scharfen Messer vorsichtig eine Tasche einschneiden.

Das Fleisch, auch die Innenseite der Tasche, mit Räucherpaprika einreiben. Die Palmherzen der Länge nach in die Öffnung im Fleisch schieben.

Die restlichen Zutaten, bis auf das Steinsalz, in einer Schüssel vermischen und vorsichtig in die Tasche einfüllen.

Das Fleisch rundum mit Steinsalz einreiben und sorgfältig in Alufolie einwickeln. Auf dem Grill pro Seite jeweils etwa 20 Minuten garen.

Die Folie vorsichtig entfernen, damit die Füllung nicht herausfällt. Den Grill auf mittlere bis starke Hitze aufheizen und das Schwanzstück nochmals für einige Minuten grillen. Zum Servieren quer zur Faser aufschneiden.

RINDERBUCKEL MIT KNOBLAUCH, SPECK & GRÜNEN OLIVEN

cupim com alho, bacon e azeitona verde

Cupim, der Rinderbuckel, ist in Fleischereien außerhalb Brasiliens eher selten zu finden. Das Fleischstück stammt vom Zebu oder Buckelrind, der in Brasilien am häufigsten anzutreffenden Rinderrasse. Vielleicht kann dir dein Fleischer ja ein Stück besorgen? Alternativ kannst du es auch mit einem Schulterstück versuchen.

ZUTATEN

2 kg Buckel (Hump oder Chuck crest)

Füllung

200 g Speckscheiben, gewürfelt

1 Knoblauchknolle, geschält

20 grüne Oliven, entsteint

Marinade

½ Ananas, geschält und gehackt

3 Knoblauchzehen

250 ml Milch

250 ml Wasser

1 TL frisch zerdrückter schwarzer Pfeffer

Steinsalz

Für 8 Personen

ZUBEREITUNG

Mit einem spitzen Messer etwa 3 cm tiefe Löcher in das Fleisch schneiden: Mit den Fingern Speck, Knoblauch und Oliven in die Einschnitte drücken. Sind die Knoblauchzehen zu groß, kann man sie halbieren.

Für die Marinade Ananas und Knoblauch gut vermischen. Die anderen Zutaten zugeben und gründlich unterrühren.

Das Fleisch in eine Glasschüssel legen und mit der Marinade übergießen. Mit Frischhaltefolie abdecken und über Nacht kalt stellen.

Am besten gart man das Fleisch an einem Drehgrill. Das Stück wird im Ganzen aufgespießt, mit Steinsalz bestreut und in einen Bratschlauch gesteckt. Bei schwacher Hitze etwa 3 Stunden garen. Den Bratschlauch entfernen und die Hitze steigern. Fleisch so lange rösten, bis sich außen eine knusprige Kruste bildet.

Um dieses Fleischstück optimal zu genießen, ringsum die krosse »Haut« abschneiden und servieren. Das Fleisch erneut salzen, rösten und aufschneiden – Vorgang wiederholen, bis das Fleisch verzehrt ist. Diese Köstlichkeit kann man wunderbar mit Freunden teilen.

Hinweis: Das Fleisch lässt sich auch 3 Stunden im Ofen bei 120 °C garen. Auch hier den Bratschlauch verwenden, denn so bleibt der Braten durch den Bratensaft schön zart.

RINDERRIPPCHEN IN BIER

costela com cerveja

Rinderrippchen und Bier – was kann da noch schiefgehen? Diese sehr schmackhafte klassisch brasilianische Kombination braucht etwas Zeit, doch es lohnt sich. Vertraue mir.

ZUTATEN

3 kg Rinderrippchen

3 Knoblauchzehen, fein gehackt

4 Lorbeerblätter, leicht zerdrückt

700 ml Bier

2 EL geräuchertes Paprikapulver

Steinsalz

Für 6–8 Personen

ZUBEREITUNG

Die Rinderrippchen in eine Glasschüssel legen. Knoblauch, Lorbeerblätter und Bier in einer Schüssel vermischen. Die Hälfte des geräucherten Paprikapulvers zugeben und die Marinade über das Fleisch gießen. Die Rippchen müssen komplett damit bedeckt sein, notfalls etwas Wasser zugeben. Rippchen mit Frischhaltefolie abdecken und über Nacht kalt stellen.

Die Rippchen aus der Marinade nehmen, mit dem restlichen Paprikapulver einreiben und ringsum mit Steinsalz bestreuen.

Den Grill auf schwache bis mittlere Hitze vorheizen. Die Rippchen in Alufolie einwickeln und mit der Knochenseite nach unten etwas abseits der Haupthitze auf den Grill legen. Nach 2 ½ Stunden das Fleisch wenden und weitere 1 ½ Stunden garen. Dabei stets auf die Hitze achten.

Die Rippchen mindestens 20 Minuten ruhen lassen, dann auswickeln und 1 Stunde auf den Grill legen, dabei alle 10 Minuten umdrehen.

Die Rippchen sind gar, wenn sie auseinanderfallen. Ein Glas trockener Rotwein ist der ideale Begleiter.

RINDERRIPPCHEN MIT STEINSALZ

costela de boi com sal grosso

Im Süden Brasiliens werden die Rippchen traditionell nur mit Steinsalz gewürzt. Im Prinzip ist es ein Verbrechen, etwas anderes hinzuzufügen, wie ich es in dem vorangegangenen Rezept getan habe. Aber manchmal braucht es eben ein bisschen Mut zum Risiko.

ZUTATEN

3 kg Rinderrippchen

Steinsalz

Für 8–10 Personen

ZUBEREITUNG

Die Rippchen mit Steinsalz einreiben und dann in Alufolie einwickeln.

Den Grill auf schwache bis mittlere Hitze vorheizen. Das Päckchen auf den Grill legen und 5 Stunden garen; dabei mehrmals wenden.

Die Rippchen aus der Folie nehmen und auf dem Grill fertig garen.

Eigentlich ganz einfach, und wie heißt es so schön: Geduld ist eine Tugend. Und sie wird belohnt.

GEFÜLLTE RINDERRIPPCHEN

costela recheada

ZUTATEN

- 2 kg Rinderrippchen (Querrippe)
- 500 g Schweinebauch ohne Schwarte, gewürfelt
- ½ TL Fenchelsamen
- 1 TL Chiliflocken
- 2 Knoblauchzehen, gehackt
- 1 kleine Gemüsezwiebel, gewürfelt
- 1 EL frisch gehackte glatte Petersilie
- 1 rote Paprika, gewürfelt
- 250 g Mozzarella, gewürfelt
- 1 EL Salz
- 1 TL frisch zerdrückter schwarzer Pfeffer
- Steinsalz

Für 6 Personen

ZUBEREITUNG

Den Grill auf schwache bis mittlere Hitze vorheizen. Auf einem Schneidebrett das Fleisch vorsichtig von einer Seite dicht am Knochen einschneiden, ohne es komplett vom Knochen zu lösen, sodass eine Tasche zwischen Knochen und Fleisch entsteht.

In einer Schale alle Zutaten bis auf Pfeffer und Steinsalz vermischen. Diese Mischung in die Tasche füllen. Mit Küchengarn die Rippchen so verschnüren, dass die Füllung nicht austritt.

Das Fleisch ringsum mit Steinsalz und schwarzem Pfeffer einreiben und in Alufolie einpacken. Darauf achten, dass die Folie keine Löcher bekommt.

Die Rippchen mit der Knochenseite nach unten abseits der Haupthitze auf den Grill legen. 2 ½ Stunden garen, vorsichtig umdrehen und weitere 1–1 ½ Stunden garen. 30 Minuten ruhen lassen, dann die Folie entfernen.

Zum Abschluss die Rippchen nochmals kurz auf den Grill legen, um sie aufzuwärmen und ihnen eine schöne Kruste zu verpassen.

Aufschneiden und servieren. Beim Aufschneiden fällt das Ganze etwas auseinander, aber keine Sorge, das soll so sein.

RINDERRIPPCHEN IN »STÜCKEN« MIT CHIMMICHURRI

costela de tira com chimmi churri

Diese Rinderrippchen werden quer zum Knochen in Stücke geschnitten. Das einfache und delikate Gericht eignet sich gut als Start eines Barbecue. In spanischsprachigen Ländern nennt man es »Asado«. Manchmal werden die Stücke leider etwas zu breit geschnitten.

ZUTATEN

1 kg Rinderrippchen in »Stücken«

1 EL Pflanzenöl

1 Prise Meersalz

1 Prise frisch zerdrückter schwarzer Pfeffer

Chimmichurri (S.152)

Für 4 Personen

ZUBEREITUNG

Beim Fleischer lässt man sich die Rinderrippen in 2 cm breite Stücke schneiden. Den Grill auf mittlere Hitze vorheizen.

Die Rippchen in eine Marinierschale legen, mit Pflanzenöl beträufeln und mit Salz und Pfeffer bestreuen.

Die Rippchen auf den Grill legen und auf jeder Seite etwa 30 Minuten garen oder so lange, bis sie well-done (ganz durch gebraten) sind. Ich empfehle, sie gut durchzubraten, denn das Fleisch ist sonst meist etwas zäh. Die Rippchen während des Garens mit Chimmichurri bestreichen.

Nach Ende der Garzeit Rippchen 10 Minuten ruhen lassen, dann so aufschneiden, dass jedes Fleischstück ein Knochenstück enthält. Das Ganze mit dem restlichen Chimmichurri bestreichen und genießen.

FLANKSTEAK MIT BUTTER

fraldinha na manteiga

Ganz einfach und sehr lecker. Man kann das Fleischstück im Ganzen verwenden oder in Steaks schneiden.

ZUTATEN

250 g weiche Butter

1 ganzes Flanksteak (ca. 1,5 kg)

2 Knoblauchzehen, gehackt

2 EL frisch gehacktes Basilikum

1 EL frisch gehackter Thymian

1 EL Englischer Senf

50 ml Worcestersauce

½ TL gemahlene Kreuzkümmelsamen

Meersalz

Für 6 Personen

ZUBEREITUNG

Die Butter in eine Schüssel geben und mit allen anderen Zutaten, außer dem Salz, vermischen.

In einer Marinierschale das Fleisch mit der Hälfte der Butter einreiben und auf beiden Seiten mit etwas Meersalz bestreuen.

Das Fleisch bei mittlerer Hitze auf den Grill legen. Gut aufpassen, es könnte Feuer fangen. Pro Seite jeweils etwa 20 Minuten braten, dann vom Grill nehmen und 5 Minuten ruhen lassen.

Fleisch in schmale Stücke schneiden und mit der restlichen Butter bestreichen.

Hinweis: Ich empfehle als Beilage die Farofa básica (S. 133).

MINISPIESSCHEN MIT RINDERFILET IM SPECKMANTEL

espetinho de fillet com bacon

In Brasilien gibt es spezielle Bars und Restaurants, die nur »Minispießchen« servieren. Als Beilage reicht man meist Knoblauchbrot und Tomatensauce dazu. Diese Variante ist ideal für Kinderpartys, denn Kinder lieben sie.

ZUTATEN

1 kg Rinderfilet

2 EL körniger Senf

1 EL gehackter Salbei

400 g Speck, in Scheiben geschnitten

1 weiße Zwiebel, gewürfelt

Pflanzenöl

Meersalz

100 g Parmesan, fein gerieben (optional)

Bambusspießchen

Für 4–6 Personen

ZUBEREITUNG

Die Bambusspießchen etwa 30 Minuten in Wasser einweichen.

Das Filet in kleine Würfel von 2 cm Kantenlänge schneiden. Die Würfel in eine Schüssel geben und gut mit dem körnigen Senf und dem Salbei vermischen.

Die Speckscheiben in 10 cm lange Stücke schneiden. Jedes Fleischstück mit Speck umwickeln und auf einen Bambusspieß stecken. Dann ein Zwiebelstück aufspießen und so lange fortfahren, bis der Spieß voll ist. Das Fleisch reicht für etwa 10–12 Spieße.

Die Spieße in eine Marinierschale legen, mit etwas Öl beträufeln und mit Meersalz bestreuen. Bei mittlerer Hitze grillen. Medium rare (rosa) oder medium (halb durchgebraten) sind als Garstufe perfekt und nach etwa 15 Minuten erreicht.

Unmittelbar vor dem Servieren die Spieße vom Grill nehmen, einzeln in dem fein geriebenen Parmesan wälzen und nochmals kurz auf den Grill legen, damit sie eine schöne Kruste bekommen. (Dieser Schritt ist optional, aber sehr zu empfehlen.)

RINDERBRUST MIT BRAZA'S DRY RUB

ponta de peito

Gegen Ende des Grillvorgangs kann man das Fleisch noch glacieren. Ich empfehle dazu folgende Barbecuesauce: 1 Teil Barbecuesauce, ½ Teil Sweet-Chilisauce, ½ Teil Sojasauce, ½ Teil brauner Zucker, etwas Knoblauch und Koriander. Damit kann man nichts falsch machen.

ZUTATEN

- **1 kg Rinderbrust (möglichst vom Wagyu-Rind)**
- **25 g getrocknete Petersilienflocken**
- **25 g geräuchertes Paprikapulver**
- **50 g Zwiebelpulver**
- **50 g Knoblauchpulver**
- **50 g Senfpulver**
- **2 TL Cayennepfeffer**
- **2 TL frisch zerdrückter schwarzer Pfeffer**
- **1 Prise Kreuzkümmelsamen**
- **Meersalz**
- **Pflanzenöl**

Für 4–6 Personen

ZUBEREITUNG

Die Rinderbrust in etwa 1 cm dicke Scheiben schneiden.

Alle Zutaten, bis auf Salz und Öl, in einer Schale vermischen und die Fleischstücke zugeben. Mit beiden Händen das Fleisch gründlich mit der Dry-Rub-Mischung einreiben.

Das Fleisch danach in eine Marinierschale legen und mit Salz und Pflanzenöl einreiben.

Die Rinderbrust auf dem Grill bei mittlerer Hitze garen. Umdrehen, sobald eine Seite fertig gegart ist. Das sollte insgesamt etwa 40 Minuten dauern. Vor dem Servieren etwas ruhen lassen.

BÜRGERMEISTERSTÜCK MIT PROVOLONE GEFÜLLT

maminha com queijo

Man kann auch ein ganzes Schwanzstück für dieses Rezept verwenden. Wer mag, kann mit verschiedenen Käsesorten experimentieren oder zum Beispiel eine Quattro-Fromaggi-Variante ausprobieren.

ZUTATEN

1 Bürgermeisterstück (»Tri-tip«, im Ganzen, ca. 1 kg)

150 g Provolone

Steinsalz

Für 4–6 Personen

ZUBEREITUNG

Das Fleisch rundum mit einem spitzen Messer einstechen.

Den Käse in lange, schmale Streifen schneiden und diese mit den Fingern in die Einschnitte im Fleisch stecken. Fleisch längs auf einen Spieß stecken und mit Steinsalz bestreuen.

Das Fleisch in den Drehgrill hängen und etwa 30 Minuten bei mittlerer Hitze garen. Ruhen lassen und quer zur Faser aufschneiden.

DAS BERÜHMTE CARNE QUEIJO IM PARMESANMANTEL

carne queijo

Sicher kennen Sie auch das: Reste, die von einem Barbecue gerne übrig bleiben. Daraus kann man durchaus etwas ganz Besonderes machen. Das Geheimnis dieses delikaten Brötchens ist, dass die Butter außen aufgestrichen wird.

ZUTATEN

- **1 kg gegartes Fleisch (Reste vom Barbecue)**
- **1 Gemüsezwiebel, halbiert und in Scheiben geschnitten**
- **2 EL Pflanzenöl**
- **1 EL Balsamicoessig**
- **6 Brötchen**
- **2 Tomaten, in Scheiben geschnitten**
- **300 g Provolone, in Scheiben geschnitten**
- **50 g Butter**
- **120 g Parmesan, frisch gerieben**
- **Salz**

Für 6 Personen

ZUBEREITUNG

Das gegarte Fleisch in kleine Stücke schneiden.

Zwiebeln und Fleisch in einer Pfanne mit Pflanzenöl so lange braten, bis alles karamellisiert ist. Den Balsamico angießen und wenn nötig mit Salz abschmecken.

Die Brötchen halbieren und jeweils den unteren Teil mit den Tomatenscheiben belegen, darauf die Fleisch-Zwiebel-Mischung und als Abschluss die Provolone-Scheiben geben. Den Deckel der Brötchen darauflegen und die Brötchen auf beiden Seiten außen mit Butter bestreichen.

In einen Sandwichmaker legen und 3 Minuten anpressen. Ersatzweise kann man die Brötchen auch in eine Pfanne geben und mit einem Pfannenwender zusammenpressen. Aus der Pfanne nehmen und beiseitestellen.

Den Parmesan auf die heiße Platte des Sandwichmakers streuen und warten, bis er geschmolzen ist und knusprig wird. Die Brötchen von allen Seiten auf den Parmesan legen, sodass sie eine köstliche Parmesanhülle bekommen.

Hinweis: Wenn man Fleischreste eines Barbecue verarbeitet, sollte man diese gut durchgaren. Die Zwiebel und der Essig verleihen dem Fleisch mehr Saftigkeit und Aroma.

KROKETTEN

croquet

Die Füllung kann man mit Mozzarella variieren.

ZUTATEN

- 1 kg gegartes Fleisch (Reste vom Barbecue)
- 4 Eier
- 200 ml Milch
- 1 Zwiebel, gewürfelt
- 5 Knoblauchzehen, gehackt
- 4 EL frisch gehackte glatte Petersilie
- 1 rote Chilischote, gehackt
- 100 g Mehl
- 1 TL Salz
- 1 TL frisch zerdrückter schwarzer Pfeffer
- Pflanzenöl zum Fritieren
- Zitronenspalte und Chilisauce zum Servieren

Zutaten für die Panade

- 3 Eier
- 100 ml Milch
- 100 g Mehl
- 500 g Semmelbrösel

Für 6–8 Personen

ZUBEREITUNG

Das Fleisch in einer Küchenmaschine fein zerkleinern. (Keine unterschiedlichen Fleischsorten mischen.)

Das zerkleinerte Fleisch zusammen mit Eiern, Milch, Zwiebeln, Knoblauch, Petersilie, Chili, Mehl, Salz und Pfeffer in eine Schüssel geben. Mit den Händen zu einem geschmeidigen Teig vermischen. Aus der Masse mit den Händen Kroketten formen.

Zum Panieren Eier und Milch in einer flachen Schale verquirlen. Das Mehl in eine zweite flache Schale und die Semmelbrösel in eine dritte Schale füllen. Die Kroketten zunächst im Mehl, dann in der Eiermischung und zum Schluss in den Semmelbröseln wälzen.

Das Öl in einem Topf bei starker Hitze erwärmen und die Kroketten darin goldbraun frittieren. Mit einer Zitronenspalte und Chilisauce servieren.

LAMMKEULE

pernil de carneiro

Die Lammkeule lässt sich auch in Scheiben zerteilen. Ich verwende die entbeinte und aufgeklappte Keule aber gerne im Ganzen.

ZUTATEN

1 ganze Lammkeule, entbeint und aufgeklappt (ca. 2 kg)

50 ml natives Olivenöl extra

2 EL Pflanzenöl

1 Prise Meersalz

Marinade

200 g schwarze Oliven, entsteint

6 Knoblauchzehen

100 ml Balsamicoessig

100 ml frisch gepresster Zitronensaft

2 EL Thymian

1 EL Chiliflocken

Für 8–10 Personen

ZUBEREITUNG

Für die Marinade alle Zutaten, bis auf die Chiliflocken, in der Küchenmaschine mixen. In eine Schüssel füllen und die Chiliflocken zugeben.

Die Lammkeule in eine Marinierschale legen und mit der Marinade bestreichen. Abdecken und über Nacht kalt stellen.

Die überschüssige Marinade aus der Schale in einen kleinen Krug gießen. Das Olivenöl dazugeben und Sauce beiseitestellen. (Man braucht die Mischung zum späteren Begießen des Lamms.)

Die Lammkeule mit Pflanzenöl beträufeln und mit Meersalz bestreuen. Zunächst bei mittlerer bis starker Hitze grillen, dann bei mittlerer Hitze weitergaren.

Etwa 30–40 Minuten grillen und dabei mit der Marinade-Olivenöl-Mischung bestreichen. Das sorgt für zusätzliches Aroma.

Hinweis: Am besten schmeckt das Lamm medium (halb durchgebraten) oder medium-well (fast durch gebraten).

LAMMHÜFTE

alcatra de carneiro

Ich verwende die Lammhüfte gerne mit dem Fettdeckel. So wird das Fleisch unglaublich saftig. Man kann das Fett auch – wenn man möchte – nach dem Braten entfernen.

ZUTATEN

1 kg Lammhüfte

Meersalz

Marinade

1 unbehandelte Zitrone, Abrieb und Saft

1 EL frisch gehackter Rosmarin

2 Knoblauchzehen, gehackt

100 ml natives Olivenöl extra

1 TL schwarzer Pfeffer

Für 4 Personen

ZUBEREITUNG

Die Zutaten für die Marinade in einer Schüssel verrühren.

Die Lammhüfte halbieren und gut mit der Marinade bestreichen. Einige Stunden abgedeckt kalt stellen.

Man kann die Fleischstücke im Ganzen grillen oder nochmals halbieren. Mit Meersalz bestreuen.

Auf dem Grill bei mittlerer bis starker Hitze medium rare (rosa) oder medium (halb durchgebraten) garen.

ESCADARIA
RIO DE

SELARON
JANEIRO

LAMMKOTELETTS MIT SENF & KRÄUTERN

carré de carneiro com mostarda e ervas

Dieses Fleischstück ist relativ teuer, aber köstlich. Es gehört zu unserem Spezialmenü für Gruppen. Beim Grillen muss man gut aufpassen, damit es nicht trocken wird.

ZUTATEN

2 Lammkarrees ohne Fettdeckel (mit je 8 Rippen)

2 EL Pflanzenöl

1 Prise Meersalz

frisch zerdrückter schwarzer Pfeffer

2 EL Dijon-Senf

2 EL körniger Senf

1 EL Englischer Senf

4 EL frisch gehackte glatte Petersilie

4 EL frisch gehackte Minze

Für 4–6 Personen

ZUBEREITUNG

Das überschüssige Fett von den Karrees entfernen und diese dann in Koteletts mit je einem Knochen zerteilen. In eine Marinierschale legen, mit Öl beträufeln und mit Salz und Pfeffer würzen.

Die Lammkoteletts auf dem Grill bei mittlerer bis starker Hitze jeweils 1 Minute pro Seite rösten. Danach auf Raumtemperatur abkühlen lassen.

Inzwischen die drei Senfsorten verrühren und mit einem Löffel auf einer Seite der Koteletts verteilen, so wie man Butter auf ein Brot streicht.

Petersilie und Minze mischen und mit den Fingern vorsichtig auf die Senfschicht pressen.

Koteletts wieder auf den Grill legen und von beiden Seiten bei mittlerer bis starker Hitze wie gewünscht fertig garen. Ich empfehle medium rare (rosa).

Hinweis: Bratkartoffeln mit Rosmarin und Knoblauch sind eine perfekte Ergänzung. Und natürlich passt ein Glas Shiraz dazu.

LAMMRIPPCHEN MIT WEISSWEIN

costela de carneiro com vinho branco

Lammrippchen sollte man sorgfältig auswählen und dabei darauf achten, dass sie schön fleischig und auch nicht zu fett sind.

ZUTATEN

4 Lammrippenstücke (ca. 2 kg)

350 ml trockener Weißwein

4 Knoblauchzehen, gehackt

1 EL Kümmelsamen

1 EL Paprikapulver

1 TL frisch zerdrückter schwarzer Pfeffer

1 EL Pflanzenöl

1 Prise Meersalz

Für 6–8 Personen

ZUBEREITUNG

Den Rippchenstrang zerteilen, sodass man insgesamt acht Stücke mit je vier Rippenknochen bekommt. Die Rippchen in einen Behälter legen und mit Weißwein begießen. Knoblauch, Kümmelsamen, Paprika und schwarzen Pfeffer untermischen. Über Nacht abgedeckt kalt stellen.

Die Rippchen in eine Marinierschale legen, mit Öl beträufeln und mit Meersalz bestreuen.

Rippchen auf dem Grill bei schwacher Hitze zunächst mit der Knochenpartie nach unten braten. Das Feuer gut im Auge behalten und notfalls etwas Holzkohle nachlegen. Nach etwa 1 Stunde die Rippchen wenden und weitere 30 Minuten bei sanfter Hitze grillen.

Am Schluss die Hitze steigern und die Rippchen bei mittlerer bis starker Hitze knusprig braten.

BIROS LAMMKARREE

carré de carneiro do biro

Der Name des Rezepts leitet sich von meinem Spitznamen »Biro« ab. In den 1980er-Jahren gab es einen Fußballspieler namens Biro mit langen lockigen Haaren – so, wie ich sie mal hatte.

ZUTATEN

- **4 Lammkarrees (möglichst groß)**
- **100 ml natives Olivenöl extra**
- **1 rote Paprika**
- **4 Knoblauchzehen**
- **1 EL Rosmarin**
- **400 g Haloumi-Käse, in 5 mm dicke Scheiben geschnitten**
- **1 EL frisch gehackte Minze**
- **1 Prise Meersalz**
- **100 g Blauschimmelkäse**
- **Pflanzenöl zum Beträufeln**

Für 6–8 Personen

ZUBEREITUNG

Die Lammkarrees auf ein Schneidebrett legen und mit einem scharfen Messer dicht am Knochen vorsichtig einschneiden. Die fast ganz abgelöste Fleischpartie zur Seite klappen.

Mit einem Pürierstab Olivenöl, rote Paprika, Knoblauch und Rosmarin fein zerkleinern. Die Mischung über die Karrees gießen und 1 Stunde einziehen lassen.

Den Haloumi-Käse bei mittlerer Hitze auf dem Grill pro Seite je 2 Minuten grillen oder so lange, bis er schön goldfarben ist. Nicht zu stark garen.

Die Lammkarrees auf ein Schneidebrett legen, den Fleischlappen aufklappen und mit Minze und Meersalz bestreuen.

Den Blauschimmelkäse mit den Fingern zerkrümeln und gleichmäßig auf dem Lammfleisch verteilen, ebenso den gegrillten Halloumi. Den Fleischlappen wieder zurück auf die Knochen klappen und mit einer Schnur fixieren. Dazu befestigt man die Schnur am ersten Knochen und führt sie jeweils um die Knochen herum, bis das Ende des Karrees erreicht ist.

Fleisch in eine Marinierschale legen, mit etwas Pflanzenöl beträufeln und mit Meersalz bestreuen. Bei mittlerer Hitze medium rare (rosa) grillen. Nach 5 Minuten Ruhezeit jeweils zwischen den Knochen aufschneiden.

CHICKEN WINGS AM SPIESS

asinha de frango no espeto

Die guten, alten Chicken Wings sind mein Lieblingsstück vom Huhn. Es ist zwar nicht viel dran an ihnen, aber das macht nichts – man isst einfach mehr davon.

ZUTATEN

- **2 kg Hähnchenflügel**
- **2 Knoblauchzehen, gehackt**
- **2 EL frisch gehackter Oregano**
- **100 ml Dijon-Senf**
- **100 ml natives Olivenöl extra**
- **100 ml Zitronensaft**
- **100 ml Malagueta-Sauce (s. S. 144)**
- **1 EL Salz**
- **1 TL schwarzer Pfeffer**
- **Zitronenspalten zum Servieren**

Für 6–8 Personen

ZUBEREITUNG

Die Hähnchenflügel auf ein Schneidebrett legen. Mit einem scharfen Messer die Flügelspitzen abschneiden, dann den Flügel im Gelenk halbieren. Ober- und Unterteil trennen. Flügel in ein Glasgefäß legen und bis zur Weiterverarbeitung kalt stellen.

Die restlichen Zutaten in einer Schüssel gründlich vermischen.

Die Marinade über die Hühnerflügel gießen und erneut für einige Stunden abgedeckt kalt stellen.

Die Flügelteile auf einen Metallspieß stecken. Man kann dabei Spieße nur mit Ober- bzw. Unterteilen oder gemischte Spieße vorbereiten.

Die Spieße bei schwacher bis mittlerer Hitze auf den Grill legen und etwa 20 Minuten grillen, dabei öfter wenden. Mit Zitronenspalten servieren.

HÄHNCHENHERZEN

coração de frango

Ein typisch brasilianisches Gericht, das man entweder liebt oder hasst. Ich bin mir sicher, ihr werdet es lieben, sobald ihr dieses Rezept probiert habt.

ZUTATEN

1 kg Hähnchenherzen

150 ml trockener Rotwein

150 ml Wasser

2 Knoblauchzehen, gehackt

1 TL getrockneter Oregano

½ TL Chilipulver

1 EL Salz

1 TL frisch zerdrückter schwarzer Pfeffer

Bambusspießchen (10 Stück)

Limettenspalten zum Servieren

Für 6–8 Personen

ZUBEREITUNG

Die Hähnchenherzen vorbereiten. Dazu abstehende kleine Gefäße und Adern wegschneiden, aber etwas Fett am Fleisch lassen.

Herzen mit den restlichen Zutaten in eine Glasschüssel geben, gut vermischen und über Nacht abgedeckt kalt stellen.

Kleine Bambusspieße etwa 1 Stunde in Wasser einweichen. Auf jeden Spieß 10 Herzen stecken. Auf dem Grill bei mittlerer bis starker Hitze die Herzen medium well (fast durchgebraten) braten. Mit Limettenspalten servieren.

AUFGEKLAPPTES STUBENKÜKEN MIT DRY RUB & MANDARINEN-OLIVENÖL

galeto temperado com azeite de tangerina

Sehr aromatisch und köstlich!

ZUTATEN

4 Stubenküken, aufgeklappt

Rub

- 3 TL Zwiebelpulver
- 2 TL Knoblauchpulver
- 2 TL getrockneter Oregano
- 1 TL getrockneter Thymian
- 3 TL getrocknete glatte Petersilie
- 2 TL getrocknetes Basilikum
- 1 TL Selleriesamen
- 1 TL Chiliflocken
- 2 TL Senfpulver
- 1 TL gemahlene Anissamen
- 3 TL Meersalz

Olivenöl mit Mandarinenaroma

- 1 unbehandelte Mandarine
- 300 ml natives Olivenöl extra

Für 4 Personen

ZUBEREITUNG

Eine Woche vor dem Barbecue
Für das Mandarinenöl die Mandarine gründlich waschen und mit einer Microplane-Reibe vorsichtig die Schale abnehmen, ohne zu viele weiße Anteile zu erwischen. Wer keine Microplane-Reibe hat, nimmt einfach die feinste verfügbare Küchenreibe. Den Abrieb mit dem Olivenöl in einem Glas vermischen und 1 Woche an einem kühlen, dunklen Ort stehen lassen. Nach 1 Woche das Öl in einen anderen Glasbecher absieben.

Am Tag der Zubereitung
Alle Zutaten für den Rub in einer Schale gut vermischen.

Das auseinandergeklappte Stubenküken in eine Marinierschale legen. Ich schneide gewöhnlich die Flügelspitzen ab, die meist schnell verbrennen. Aber das kann jeder machen, wie er mag.

Mit den Händen die Küken ringsum mit dem Dry Rub einreiben und mit dem selbst gemachten Mandarinenöl beträufeln.

Küken auf dem Grill bei schwacher bis mittlerer Hitze etwa 30 Minuten pro Seite braten und dabei öfter umdrehen.

Vor dem Servieren Küken nochmals mit dem Mandarinenöl beträufeln.

HÄHNCHENBRUST MIT SPECK

pieto de frango com bacon

Ein tolles Gericht für Kinder. Diese Marinade eignet sich auch gut für Hähnchenbrust ohne Speck. So hat es meine Mutter gemacht – eine schöne Erinnerung.

ZUTATEN

2 kg Hähnchenbrustfilet, ohne Knochen und Haut

800 g Speck, in Scheiben geschnitten

Bambusspießchen

Marinade

2 Gemüsezwiebeln

2 Knoblauchzehen

1 TL Salz

1 TL schwarzer Pfeffer

1 TL Chilipulver

2 EL brauner Zucker

3 EL Sherryessig

3 EL Tomatenketchup

3 EL Barbecuesauce

3 EL Amerikanischer Senf

Für 8–10 Personen

ZUBEREITUNG

Die Zutaten für die Marinade in einem Mixer zu einer Sauce pürieren und diese bis zur Verwendung beiseitestellen.

Das Hähnchenfleisch in Würfel von etwa 2 cm Kantenlänge schneiden und gründlich mit der Marinade vermischen. Mindestens 4 Stunden, besser noch über Nacht abgedeckt kalt stellen.

Die Bambusspießchen 1 Stunde wässern. Die Speckscheiben in etwa 10 cm lange Stücke schneiden. Jeden Fleischwürfel mit einem Speckstück umwickeln und aufspießen. So lange fortfahren, bis die Spieße voll bestückt sind. Die Spieße bei mittlerer Hitze grillen, bis die Kerntemperatur etwa 72 °C beträgt (je nach Größe der Fleischwürfel). Die Spieße vom Grill nehmen, etwas ruhen lassen und servieren.

Hinweis: Die Menge reicht für etwa 20–22 Spießchen. Will man mehr Spieße machen, einfach Fleisch und Speckscheiben in kleinere Stücke schneiden. So lieben es Kinder besonders.

AUFGEKLAPPTES STUBENKÜKEN MIT DER BESTEN MARINADE DER WELT

galetinho com o melhor tempero do mundo

Mit diesem Rezept kann man Freunde und Nachbarn beeindrucken. Es schmeckt einfach jedem.

ZUTATEN

- **4 ganze Stubenküken**
- **1 EL natives Olivenöl extra**

Marinade

- **150 ml trockener Weißwein**
- **500 ml Wasser**
- **2 Lorbeerblätter**
- **2 EL frisch gehackter Majoran**
- **1 EL frisch gehackte glatte Petersilie**
- **2 unbehandelte Limetten, geviertelt**
- **1 Gemüsezwiebel, in Ringe geschnitten**
- **1 EL Salz**
- **1 EL Paprika**
- **1 EL Szechuanpfeffer, gehackt**

Für 8 Personen

ZUBEREITUNG

Für die Marinade alle Zutaten in eine Schüssel geben und gut vermischen. Die Stubenküken in eine Schale legen und mit der Marinade übergießen, sodass sie gut damit bedeckt sind. Über Nacht abgedeckt kalt stellen.

Am nächsten Tag die Stubenküken aus der Marinade nehmen. Die Marinade für später aufheben. Die Küken in eine Marinierschale legen und mit dem Olivenöl beträufeln.

Den Grill auf schwache bis mittlere Hitze vorheizen. Die Stubenküken auf den Grill legen und etwa 30 Minuten garen, dabei mindestens drei- bis viermal wenden.

Die Marinade durch ein Sieb abgießen und zur Seite stellen. In einer Pfanne bei mittlerer Hitze etwas Öl erwärmen. Die festen Bestandteile der Marinade darin karamellisieren lassen. Die Limettenstücke entfernen. Mit der Marinadenflüssigkeit ablöschen und auf die Hälfte reduzieren. Abschmecken, gut durchmischen und als köstliche Sauce zu den gegrillten Stubenküken servieren.

GEGRILLTE SCHWEINERIPPCHEN

costelinha de porco temperada

ZUTATEN

2 kg Schweinerippchen

Marinade

150 ml Barbecuesauce

100 ml Sweet-Chili-Sauce

100 ml Sojasauce

100 g brauner Zucker

2 Knoblauchzehen, zerdrückt

1 EL frisch gehackter Koriander

1 TL Salz

½ TL frisch gemahlener schwarzer Pfeffer

Für 4–6 Personen

ZUBEREITUNG

Vor dem Grillen die Rippchen dämpfen oder einfach 1 Stunde in Wasser kochen. Dann beiseitestellen und auskühlen lassen.

Für die Marinade alle Zutaten in einer Schüssel gut vermischen.

Die Rippchen in ein Glasgefäß legen und gründlich mit der Marinade vermengen.

Die Rippchen bei mittlerer Hitze auf dem Grill garen. Währenddessen mit der restlichen Marinade bestreichen, damit die Rippchen schön karamellisieren.

Unmittelbar vor dem Servieren die Rippchen kurz, aber direkt den Flammen aussetzen, damit sie angenehm rauchig schmecken.

MIT PFLAUMEN GEFÜLLTER SCHWEINEBAUCH AM SPIESS

barriga de porco recheada com amexia preta no espeto

ZUTATEN

- 3 kg Schweinebauch (am Stück)
- 1 l trockener Weißwein
- 100 ml Balsamicoessig
- 6 Knoblauchzehen, zerdrückt
- 10 Nelken
- 1 TL frisch zerdrückter schwarzer Pfeffer
- Meersalz
- 500 g grüne Äpfel, geschält und Kerngehäuse entfernt
- 200 ml Ahornsirup
- 2 rote Zwiebeln, halbiert und in Scheiben geschnitten
- 3 EL frisch gehackter Salbei
- 100 g Paranüsse, grob gehackt
- 300 g Pflaumen, entsteint

Für 8–10 Personen

ZUBEREITUNG

Den Schweinebauch auf ein Schneidebrett legen und die Schwarte mit einem scharfen Messer diagonal einschneiden, sodass ein Rautenmuster entsteht. Dabei das Fleisch möglichst nicht verletzen. In eine Marinierschale legen.

Weißwein, Balsamicoessig, Knoblauch, Nelken und schwarzen Pfeffer vermischen. Über den Schweinebauch gießen, diesen abdecken und über Nacht kalt stellen.

Das Fleisch aus dem Kühlschrank nehmen und die Marinade durchsieben. Den Schweinebauch mit der Schwarte nach unten auf ein Brett legen und mit etwas Meersalz bestreuen.

Die Äpfel mit dem Ahornsirup im Mixer pürieren und auf dem Fleisch verteilen. Rote Zwiebeln, Salbei, Paranüsse und die Pflaumen gleichmäßig auf den Schweinebauch geben.

An einem Ende beginnend das Fleisch mit den Händen zusammenrollen. Die Rolle soll möglichst fest sein, ohne dass die Füllung herausgedrückt wird. Am besten, man bittet einen Helfer, die Fleischrolle zu halten, während man die Schnur vorbereitet. Ein langes Stück Schnur abschneiden, um den Schweinebauch wickeln und verknoten.

Den Spieß vorbereiten und den verschnürten Schweinebauch daraufstecken. Rundum mit Meersalz bestreuen und auf den Grill legen. Darauf achten, dass das Feuer konstant eine schwache bis mittlere Hitze abstrahlt. Das Fleisch etwa 4 Stunden grillen. Vor dem Servieren 30 Minuten ruhen lassen.

SCHWEINEBAUCHSTREIFEN

pancetta fatiada

Zu diesem Gericht empfehle ich brasilianischen Reis als ideale Beilage.

ZUTATEN

1 kg Schweinebauch

Marinade

- **1 EL Knoblauch, zerdrückt**
- **75 ml Honig**
- **Saft von 1 Limette**
- **2 EL Sojasauce**
- **1 EL Olivenöl**
- **1 TL geräuchertes Paprikapulver**
- **6 Nelken**
- **1 Prise Meersalz**
- **1 Prise frisch zerdrückter schwarzer Pfeffer**

Sauce

- **2 EL natives Olivenöl extra**
- **2 EL Honig**
- **3 EL Sojasauce**
- **Saft von 1 Limette**
- **1 TL Chiliflocken**

Für 6–8 Personen

ZUBEREITUNG

Den Schweinebauch in etwa 1 cm breite Streifen schneiden und in eine entsprechend große Schüssel geben.

In einer Schüssel die Zutaten für die Marinade gut vermischen. Die Marinade über die Schweinebauchstücke gießen und diese über Nacht abgedeckt kalt stellen.

Für die Sauce alle Zutaten in einer Schüssel gründlich verrühren.

Die Schweinbauchstücke auf den Grill legen und bei schwacher bis mittlerer Hitze etwa 20 Minuten braten. Häufig wenden. Gut aufpassen, denn das Fleisch könnte Feuer fangen.

Die Scheiben in kleinere Stücke schneiden. Die Sauce darüberträufeln oder zum Dippen dazustellen.

SCHWEINENACKENSTEAKS

bife de paleta de porco

Der Schweinenacken ist eines meiner Lieblingsstücke. Als Getränk empfehle ich dazu einen klassischen Portwein.

ZUTATEN

- **1 kg Schweinenacken (im Ganzen)**
- **Pflanzenöl**
- **Meersalz**
- **Limettenspalten zum Servieren**

Marinade

- **200 ml Portwein**
- **100 ml Sweet-Chili-Sauce**
- **1 EL brauner Zucker**
- **4 Knoblauchzehen, gehackt**
- **2 Stangen Zimt, leicht angedrückt**
- **5 Nelken**
- **1 EL Gewürzsumach**
- **1 EL frisch gehackter Koriander**
- **½ TL frisch zerdrückter Pfeffer**
- **1 Prise Meersalz**

Für 4–6 Personen

ZUBEREITUNG

Das ganze Nackenstück auf ein Schneidebrett legen. Mit einem scharfen Messer das Fleisch etwa 1 cm tief diagonal so einschneiden, dass kleine Quadrate entstehen. Dann quer zur Fleischfaser etwa 2 cm dicke Steaks abschneiden.

Für die Marinade alle Zutaten in eine Schüssel füllen und gut vermischen.

Das Fleisch in eine Marinierschale legen und mit der Marinade begießen, sodass es komplett von der Flüssigkeit bedeckt ist. Über Nacht abgedeckt kalt stellen.

Die Steaks herausnehmen und in eine Marinierschale legen, mit etwas Pflanzenöl beträufeln und mit Meersalz bestreuen. Bei mittlerer Hitze auf dem Grill gut durchgaren. Je nach Temperatur dauert das etwa 20 Minuten. Mit Limettenspalten servieren.

GEROLLTES KOTELETTSTÜCK MIT CHINESISCHEM BROKKOLI & PARMESAN

lombo de porco enrrolado com couve e queijo parmesão

Dieses Rezept ist einfach göttlich! Ich verdanke es eigentlich einem Versehen, doch es war ein außergewöhnlich gelungener Fehler. Dieses Fleischstück ist ideal zum Grillen am Drehspieß.

ZUTATEN

- 1 kg Schweinekotelettstück, pariert
- Saft von 2 Limetten
- 100 ml Wasser
- 2 Knoblauchzehen, gehackt
- 2 EL frisch gehackte glatte Petersilie
- 1 TL schwarzer Pfeffer
- 100 g Parmesan, grob gerieben
- 1 kleines Bund chinesischer Brokkoli (Kai-lan)
- Pflanzenöl
- 1 Prise Meersalz

Für 4–6 Personen

ZUBEREITUNG

Mit einem Messer das Kotelettstück von einer Seite her so aufschneiden, dass ein flaches, aufgeklapptes Stück entsteht. In eine Marinierschale legen. Limettensaft, Wasser, Knoblauch, Petersilie und schwarzen Pfeffer mischen und das Fleisch damit begießen. Für mindestens 2 Stunden kalt stellen.

Danach das Fleischstück auf ein Schneidebrett legen und mit dem Parmesan bestreuen, der gut daran haftet. Dann den chinesischen Brokkoli darauf verteilen. Vier Schnurstücke vorbereiten. Am fleischigen Ende beginnend das Fleisch stramm zusammenrollen. Der Fettrand soll außen liegen. Die Fleischrolle mit der Schnur zusammenbinden. Jetzt kann gegrillt werden.

Das Schweinefleisch mit etwas Pflanzenöl bestreichen und mit Salz bestreuen. Im unteren Bereich des Grills, aber weit genug von den Flammen entfernt, platzieren. Etwa 1 Stunde braten, bis das Fleisch fast gar ist. Anschließend mindestens 20 Minuten ruhen lassen.

Das Fleisch in 1 ½ cm dicke Stücke oder, wenn gewünscht, in Steaks schneiden und in die Marinierschale legen. Mit Öl beträufeln, Salz darüberstreuen und Fleisch bei mittlerer bis starker Hitze nochmals kurz grillen.

GEGRILLTE RIESENGARNELEN MIT BRAZA-BUTTER

camarão pistola com manteiga do braza

Je mehr Butter man auf die Garnelen pinselt, umso besser schmecken sie.

ZUTATEN

- 1 kg Riesengarnelen (King Prawns)
- 2 unbehandelte Limetten, frisch ausgepresst
- 2 Knoblauchzehen
- 1 Prise frisch zerdrückter schwarzer Pfeffer

BRAZA-Butter

- 250 g weiche Butter
- 25 g Knoblauch, zerdrückt
- 50 g rote Paprika
- 2 TL gehackte Bird's Eye Chili
- 1 TL Salz
- 50 ml Zitronensaft
- Zitronenspalten zum Servieren

Für 4 Personen

ZUBEREITUNG

Zur Vorbereitung der Garnelen entferne ich meist deren Kopf. Mit einer Küchenschere schneide ich dann den Panzer am Rücken vom Kopf bis zum Schwanzende auf. Aufpassen, dass man die Garnele nicht halbiert. So lässt sich der schwarze Darm am Rücken leicht entfernen.

Die Garnelen in eine Glasschüssel legen. Limettensaft, Knoblauch und schwarzen Pfeffer untermischen. Bis zur weiteren Verwendung kalt stellen.

Alle Zutaten für die Butter im Mixer zu einer homogenen Masse verarbeiten. Abschmecken und nach Belieben mit Chili nachwürzen.

Den Grill auf mittlere Hitze vorheizen. Die Garnelen in eine Schale legen und rundum mit der Butter einpinseln. Auf dem Grill etwa 5 Minuten braten. Nochmals mit Butter bestreichen und weitere 5 Minuten garen.

Die Garnelen vom Grill nehmen und auf eine Servierplatte legen. Mit der restlichen Butter bestreichen. Zum Servieren mit Zitronenspalten garnieren.

GANZE MEERBRASSE GEFÜLLT MIT »FAROFA COMPLETA«

peixe inteiro recehado com farofa completa

ZUTATEN

- 1 Meerbrasse (ca. 2 kg)
- 1 EL frisch gehackter Koriander
- 100 ml natives Olivenöl extra
- 1 Prise Meersalz
- 1 Prise frisch zerdrückter schwarzer Pfeffer
- Farofa completa (S. 132)
- 100 g Garnelen, gereinigt und ausgelöst
- 1 Zitrone, in dünne Scheiben geschnitten
- Kräuterbutter (S. 148)

Für 6 Personen

ZUBEREITUNG

Den Fisch vorsichtig auf beiden Seiten mehrfach einschneiden. Die Schnitte dürfen nicht zu tief sein.

Koriander, Olivenöl, Salz und Pfeffer vermischen und damit den Fisch ringsum einreiben.

Den Fisch mit Farofa completa und Garnelen füllen. In jeden Einschnitt eine halbe Zitronenscheibe stecken.

Mit einem dünnen Spieß oder einer Nadel vorsichtig Löcher in den Fischbauch machen und einen Faden durchziehen, um die Bauchöffnung zu schließen, damit die Füllung nicht herausfällt. Vorsichtig arbeiten, damit das zarte Fleisch des Fisches nicht zerrissen wird.

Den Fisch auf dem Grill bei schwacher bis mittlerer Hitze 20 Minuten garen. Zum Wenden den Spachtel mehrmals schnell unter den Fisch schieben, um ihn vom Grillrost zu lösen. Fisch umdrehen und die andere Seite weitere 15 Minuten grillen.

Den fertigen Fisch zerteilen und mit der Kräuterbutter servieren.

Hinweis: Bratkartoffeln sind eine ausgezeichnete Beilage.

JAKOBSMUSCHEN IN PROSCIUTTO-MANTEL AM SPIESS

espetinho de vieira com presunto copa

Dies ist vielleicht das einfachste Rezept im ganzen Buch und mit seiner natürlichen Süße einfach köstlich. Ich empfehle dazu ein schönes eiskaltes Bier.

ZUTATEN

1 kg Jakobsmuscheln

300 g Prosciutto (Schinken), in Scheiben geschnitten

1–2 EL natives Olivenöl extra

1 Prise Meersalz

Bambusspießchen

Für 6 Personen

ZUBEREITUNG

Die Bambusspießchen mindestens 30 Minuten in Wasser einweichen.

Den orangefarbenen Teil (Corail) und den Bart der Muscheln entfernen. Das Muskelfleisch (Nuss) jeweils in eine Scheibe Prosciutto einwickeln.

Etwa 5 Muscheln auf jeden Spieß stecken. Die Spießchen in eine Marinierschale legen, mit etwas Olivenöl beträufeln und mit dem Meersalz bestreuen.

Die Spieße bei mittlerer bis starker Hitze auf den Grill legen und auf jeder Seite 1–2 Minuten garen. Sofort servieren.

IN CACHACA GEBEIZTER LACHS

salmão curado na cachaça

ZUTATEN

Zum Beizen

- 1 ganze filetierte Lachsseite ohne Haut (ca. 1 ½ kg)
- 1 Bund Dill
- 2 unbehandelte Zitronen, Abrieb und Saft
- 2 unbehandelte Orangen, Abrieb und Saft
- 150 ml weißer Cachaça
- 1 Sternanis
- 1 Bund glatte Petersilie
- 1 Bund Koriander
- 200 g Salz
- 200 g Zucker

Für den Grill

- 2 EL natives Olivenöl extra
- 1 Palmherz (ca. 10 cm lang), in Scheiben geschnitten
- 1 TL kleine Kapern
- 6 Kalamata-Oliven
- 1 Cornichon
- ½ rote Zwiebel, halbiert und in Scheiben geschnitten
- 2 EL Catupiry (Frischkäse)
- frischer Dill zum Garnieren

Für 6–8 Personen

ZUBEREITUNG

Lachs, Dill, Zitronen- und Orangenabrieb beiseitestellen. Die restlichen Zutaten im Mixer gründlich zerkleinern. Der Sternanis muss gut pulverisiert sein.

Das Lachsfilet mit der Mischung rundum einreiben. In Frischhaltefolie einwickeln, auf ein Tablett legen und mindestens 12 Stunden kalt stellen.

Das Filet auswickeln und die Beizemischung abwaschen.

Den Dill mit dem Zitronen- und Orangenabrieb mischen und mit den Händen in eine Seite des Filets einmassieren. Mit einem scharfen Messer den Fisch in gleichmäßige 3 mm dicke Scheiben schneiden.

ZUBEREITUNG AUF DEM GRILL

Ein wunderbares brasilianisches Gericht bekommt man, wenn man einen Schritt weiter geht. Aus dem gebeizten Lachs eine Tranche von etwa 200 g schneiden. Mit etwas Olivenöl einreiben und bei mittlerer Hitze auf jeder Seite 1 Minute grillen.

Den gegrillten Lachs auf einen Teller legen, die restlichen Zutaten darüberstreuen, Catupiry daraufgeben und alles mit Olivenöl beträufeln. Mit Dill garnieren.

COCO
verde
5.00

FISCHFILET IM BANANENBLATT MIT KOSKOSMILCH

fillet de peixe na folha de bananeira

Diese tropische Zubereitungsart von Fisch ist in den nordöstlichen Regionen Brasiliens weitverbreitet.

ZUTATEN

2 Barramundi-Filets à 500 g, ohne Haut (jedes weiße Fischfilet ist geeignet)

Marinade

- **1 EL rote Paprika, gehackt**
- **1 EL frisch gehackter Koriander**
- **1 Knoblauchzehe, gehackt**
- **1 Bird's Eye Chili**
- **½ Gemüsezwiebel, gehackt**
- **150 ml Kokosmilch**
- **3 EL natives Olivenöl extra**
- **frisch zerdrückter schwarzer Pfeffer**
- **1 TL Salz**
- **Bananenblätter**
- **Pflanzenöl zum Einpinseln**
- **1 Zitrone**

Für 4 Personen

ZUBEREITUNG

Die Fischfilets in eine Schale legen.

In einer Schüssel alle Zutaten für die Marinade mischen und über den Fisch geben. Abdecken und über Nacht kalt stellen.

Aus den Bananenblättern Quadrate von etwa 30 cm Kantenlänge schneiden und diese mit Pflanzenöl bepinseln. Fisch jeweils in die Mitte eines Bananenblattes setzen und fest darin einwickeln. Das Paket mit einer Schnur zubinden und auch von außen mit Pflanzenöl bestreichen.

Fischpäckchen abseits der Flammen auf den Grill legen und bei schwacher bis mittlerer Hitze etwa 30 Minuten garen. Zwei- bis dreimal wenden.

Das Bananenblatt öffnen und etwas frischen Zitronensaft über den Fisch träufeln. Wer möchte, kann auch etwas Olivenöl darübergeben.

KOMPLETTE GERICHTE & TRADITIONELLE SPEISEN

GARNELEN »BOBO«

bobo de camarão

ZUTATEN

1 kg Riesengarnelen (am besten Tiger Prawns)

2 Knoblauchzehen, gehackt

50 ml Limettensaft

½ TL frisch zerdrückter schwarzer Pfeffer

2 EL natives Olivenöl extra

1 ½ l Wasser

2 TL Salz

1 kg Maniok (Knollen)

1 Lorbeerblatt

1 Gemüsezwiebel, gewürfelt

½ rote Paprika, gewürfelt

½ grüne Paprika, gewürfelt

4 Tomaten, gehäutet, entkernt und gewürfelt

2 EL frisch gehackter Koriander

1 Bird's Eye Chili, gehackt

100 ml Kokosmilch

50 ml Dende-Öl (Palmöl)

Für 4–6 Personen

ZUBEREITUNG

Die Garnelen vorbereiten, dazu Kopf und Schale entfernen und beiseitestellen. Mit einem kleinen Messer am Rücken leicht einschneiden und den schwarzen Darm herausziehen.

Die Garnelen mit Knoblauch, Limettensaft und schwarzem Pfeffer marinieren. Abdecken und zur Seite stellen.

Köpfe und Schalen der Garnelen in einer Pfanne in 1 Esslöffel Olivenöl anrösten, bis sie sich rötlich färben. Das Wasser angießen, 1 Teelöffel Salz untermischen und alles kurz aufkochen. Den aromatisierten Sud durch ein Sieb abgießen.

Die Mittelvene der Maniokknolle entfernen und den Rest in kleine Stücke schneiden. Maniok mit dem Lorbeerblatt in einen Topf mit dem Sud geben und sehr weich kochen, was etwa 1 Stunde dauert. Das Lorbeerblatt entfernen und die Maniokmischung pürieren, bis sie eine schöne cremige Konsistenz hat. Beiseitestellen.

In einem mittleren Topf (am besten ein Keramiktopf) die marinierten Garnelen in 1 Esslöffel Olivenöl kurz anbraten. Dann beiseitestellen.

In demselben Topf die Zwiebeln und Paprika braten, bis sie leicht karamellisieren. Die Tomaten zugeben und 10 Minuten garen. Die Maniokcreme gut unterrühren und weitere 10 Minuten kochen.

Zum Schluss Garnelen, Koriander, Chili, Kokosmilch, Dende-Öl und 1 Teelöffel Salz dazugeben. Gut vermischen, mit Salz abschmecken und nochmals 5 Minuten kochen. Mit weißem Reis servieren.

FISCHEINTOPF MIT CACHACA

moqueca de peixe com cachaça

Es gibt zwei Regionen in Brasilien, in denen man traditionell Moqueca zubereitet – die Bundesstaaten Bahia und Espirito Santo. Sie werden als »Moqueca Baiana« und »Moqueca Capixaba« bezeichnet. Natürlich wird intensiv darüber diskutiert, welche Moqueca wohl die beste ist. Mir schmecken beide hervorragend.

ZUTATEN

- 1 kg Schwertfisch (oder anderes weißes Fischfilet)
- Saft von 4 Limetten
- 2 Knoblauchzehen, gehackt
- 100 ml Pflanzenöl
- 1 TL frisch gemahlener schwarzer Pfeffer
- 100 ml Olivenöl
- 1 Gemüsezwiebel, gewürfelt
- 1 kleine rote Paprika, in Ringe geschnitten
- 1 kleine gelbe Paprika, in Ringe geschnitten
- 1 kleine grüne Paprika, in Ringe geschnitten
- 2 Tomaten, enthäutet und gewürfelt
- ½ Bund Koriander
- 1 Bird's Eye Chili
- 1 EL Salz
- 300 g Garnelen, ohne Kopf
- 300 g Tintenfische (Kalmare), in Ringe geschnitten
- 250 ml Fischfond
- 200 ml Kokosmilch
- 50 ml Palmöl (oder Dende-Öl)

Für 6–8 Personen

ZUBEREITUNG

Das Fischfilet in kleine Stücke schneiden. Unter kaltem Wasser abspülen und in eine Schüssel legen. Den Saft von 2 Limetten ausdrücken und gut mit dem Fisch vermischen. Etwa 15 Minuten ruhen lassen. Fisch erneut abspülen und gut abtropfen lassen.

Zum Marinieren den Fisch mit Knoblauch, dem Saft der restlichen 2 Limetten und Pflanzenöl vermischen und mit schwarzem Pfeffer bestreuen. Über Nacht abgedeckt kalt stellen.

Wenn vorhanden, einen Keramiktopf verwenden, sonst tut es auch ein normaler Topf. Das Olivenöl in den Topf geben und darin die Zwiebeln und die drei Paprikasorten anbraten.

Tomaten, Koriander, Bird's Eye Chili und Salz zugeben. Vorsichtig mischen und alles 15 Minuten bei mittlerer Hitze garen.

Fischstücke, Garnelen und Tintenfischringe in den Topf geben und weitere 15 Minuten kochen. Dann die flüssigen Zutaten – Fischfond, Kokosmilch und Dende-Öl – angießen. Zum Kochen bringen und garen, bis der Fisch weich ist.

Mit weißem Reis (S. 137) und Farofa completa (S. 132) servieren.

STECKEN GEBLIEBENE KUH

vaca atolada

Wer einen großen Keramiktopf hat, kann ihn hier einsetzen. Und wenn man einen holzbefeuerten Herd besitzt – noch besser.

ZUTATEN

- **2 kg Rinderrippchen, Asado-Stil**
- **1 EL Salz**
- **1 TL frisch zerdrückter schwarzer Pfeffer**
- **4 EL Pflanzenöl**
- **2 Gemüsezwiebeln, gewürfelt**
- **4 Knoblauchzehen, gehackt**
- **1 EL Tomatenmark (konzentriert)**
- **6 Tomaten, enthäutet und gewürfelt**
- **3 EL frisch gehackte glatte Petersilie**
- **1 EL frisch gehackte Minze**
- **2 EL Frühlingszwiebeln, gehackt**
- **2 EL Rotweinessig**
- **2 kg Maniokknollen, in Stücke geschnitten**
- **2 l Wasser**

Für 6 Personen

ZUBEREITUNG

Die »Asado-Rippchen« in kleine Stücke mit jeweils einem Knochen darin schneiden. Mit Salz und Pfeffer würzen und in einem großen Topf in Pflanzenöl bei mittlerer Hitze anbraten, bis sie außen gebräunt sind.

Zwiebeln und Knoblauch zugeben und weitere 5 Minuten braten. Dann das Tomatenmark untermischen.

Anschließend Tomaten, Petersilie, Minze, Frühlingszwiebeln und Essig dazufügen. Den Maniok dazugeben, alles gut vermischen und Wasser angießen.

Mit aufgelegtem Deckel etwa 2 Stunden köcheln lassen, bis das Fleisch weich ist. Abschmecken. Dieses Gericht sollte eine cremige Konsistenz haben. Eventuell muss man noch etwas Wasser nachgießen.

Mit weißem Reis servieren.

FEIJOADA »COMPLETA«

ZUTATEN

- 400 g getrocknetes, gesalzenes Fleisch
- 500 g schwarze Bohnen
- 200 g dicke Speckscheiben
- 200 g geräucherter Schweinebauch
- 200 g Schweinshaxe
- 200 g geräucherte Chorizo (Paprikawurst)
- 200 g Calabresa (Schweinewurst)
- 200 g Blutwurst
- 500 g geräucherte Schweinerippchen
- 3 Lorbeerblätter
- 1 EL Pflanzenöl
- 1 Gemüsezwiebel, fein gewürfelt
- 2 Knoblauchzehen, gehackt
- 2 EL frisch gehackte glatte Petersilie
- 1 Bird's Eye Chili, gehackt
- 1 EL Salz
- 1 TL gemahlener schwarzer Pfeffer
- 4 Orangen

Als Beilagen passen:

- weißer Reis (S. 137)
- Tomatensalsa (S. 130)
- Farofa básica (S. 133)
- chinesischer Brokkoli (S. 164)
- Malagueta-Sauce (S. 144)
- Orangen, geschält und filetiert

Für 6 Personen

Dies ist vermutlich eines der typischsten und beliebtesten brasilianischen Gerichte. Es existiert seit Mitte des 19. Jahrhunderts und kommt traditionell mittwochs und samstags auf den Mittagstisch.

ZUBEREITUNG

Das getrocknete, gesalzene Fleisch in kleine Stücke schneiden. Die schwarzen Bohnen mit der doppelten Menge Wasser in einen Topf füllen und die Fleischstücke dazugeben. Das Wasser mindestens viermal alle 3 Stunden wechseln.

Speck, Schweinebauch und Haxe in Würfel, die verschiedenen Würste in kleine Stücke schneiden. Die Schweinerippchen so aufschneiden, dass jedes Stück einen Knochen hat. Die Hälfte des Fleisches in den Topf geben.

Den Topf mit Bohnen, Trockenfleisch und dem Einweichwasser auf den Herd stellen und noch 1 Liter Wasser angießen. Die Lorbeerblätter zugeben und alles zum Kochen bringen. Gelegentlich mit einem Holzlöffel umrühren und dabei den Topfboden abkratzen, damit nichts anbrennt. Nach dem Aufkochen die Hitze reduzieren, Topf abdecken und alles weitere 1 ½ Stunden köcheln lassen.

Nach 1 ½ Stunden den Speck herausnehmen und den Rest des Fleisches in den Topf geben und weitere 1 ½ Stunden garen.

Etwa 30 Minuten vor Ende der Garzeit das Pflanzenöl in einer Pfanne erhitzen und darin Speck, Zwiebeln, Knoblauch, Petersilie und Chili 10 Minuten braten. Mit einem Schöpflöffel einige Bohnen aus dem Topf heben und in die Pfanne geben. Mit einem Holzlöffel grob zerdrücken, sodass man eine dicke Sauce erhält.

Mit Salz und Pfeffer würzen und die Sauce in den großen Topf zurückgeben. Mischen und nochmals 15 Minuten köcheln lassen.

GANZER KÜRBIS MIT GESALZENEM TROCKENFLEISCH, HALLOUMIKÄSE & CATUPIRY

carne seca na moranga com queijo coalho e catupiry

ZUTATEN

- **1 ½ kg Rindfleisch, gesalzen und getrocknet**
- **1 EL Pflanzenöl**
- **100 g Butter**
- **2 EL natives Olivenöl extra**
- **1 Zwiebel, gewürfelt**
- **2 Knoblauchzehen, gehackt**
- **3 Tomaten, grob gewürfelt**
- **1 EL frisch gehackte glatte Petersilie**
- **1 EL frisch gehacktes Basilikum**
- **1 EL Frühlingszwiebeln, gehackt**
- **½ TL Chilipulver**
- **1 TL Paprika**
- **250 g Catupiry (Frischkäse)**
- **300 g Halloumi-Käse, in 5 mm dicke Scheiben geschnitten**
- **1 Kürbis, ca. 5 kg schwer**

Für 6–8 Personen

ZUBEREITUNG

Das Rindfleisch in 5 cm lange Stücke schneiden. In eine Schüssel legen und mit Wasser bedecken. Über Nacht stehen lassen. Das Wasser mindestens dreimal wechseln, um das Salz zu entfernen.

Etwas Öl in einem Topf erhitzen, das Fleisch darin anbraten und dann komplett mit Wasser bedecken. Mit Deckel 30 Minuten köcheln lassen. Nach dem Abkühlen das Fleisch auseinanderzupfen.

Butter, Olivenöl, Zwiebeln und Knoblauch in einen Topf geben und bei mittlerer Hitze 1–2 Minuten anbraten. Das gekochte Fleisch, Tomaten, Kräuter, Frühlingszwiebeln, Chili und Paprika dazugeben und 5 Minuten kochen. Anschließend den Catupiry und die Hälfte des Halloumi-Käses unterrühren.

Mit einem scharfen Messer oben in den Kürbis eine Öffnung von 15 cm Durchmesser schneiden. Alle Samenkerne aus dem Inneren entfernen. Um den Kürbis vorzugaren, einen Topf zur Hälfte mit Wasser füllen und den Kürbis mit der Öffnung nach unten auf den Topf setzen. Er soll im Dampf garen und darf das Wasser nicht berühren. Etwa 20 Minuten dämpfen. An der Innenseite eine Schicht gegartes Kürbisfleisch abkratzen und unter die Fleisch-Käse-Mischung rühren.

Den Ofen auf 200 °C vorheizen. Die Mischung in den noch warmen Kürbis füllen, den Kürbisdeckel daraufsetzen und 20 Minuten im heißen Ofen garen.

Den Deckel entfernen, den restlichen Halloumi in den Kürbis geben und diesen so lange in den Ofen stellen, bis der Halloumi leicht gebräunt ist. Mit weißem Reis servieren.

ECHTE BRASILIANISCHE HÄHNCHENPASTETE MIT CATUPIRY

empadão de frango com catupiry

ZUTATEN

Teig

- 500 g Mehl
- 1 TL Salz
- 200 g Butter, gewürfelt
- 100 ml Milch
- 2 Eier plus 1 Eigelb

Füllung

- 30 ml Pflanzenöl
- 1 Zwiebel, halbiert und in Scheiben geschnitten
- 3 Knoblauchzehen, zerdrückt
- 800 g Hähnchenbrustfilet
- 2 Tomaten, gewürfelt
- 100 g Maiskörner
- 100 g Erbsen
- 100 g Palmherzen, in Scheiben geschnitten
- 1 EL frisch gehackte glatte Petersilie
- 50 g Kalamata-Oliven, entsteint und in Ringe geschnitten
- 200 g Catupiry (Frischkäse)
- 50 g Parmesan, gerieben
- 1 TL Salz
- 1 Prise frisch gemahlener schwarzer Pfeffer

Für 8 Personen

ZUBEREITUNG

Für den Teig Mehl und Salz in einer Schüssel mischen. Die Butter zugeben und alles mit den Fingern zu einer krümeligen Masse verarbeiten. In die Mitte der Mischung eine Mulde drücken, in die man die Milch, 1 Ei und das Eigelb gibt. Zunächst mit einem Löffel, dann mit den Händen durchmischen. Der Teig klebt erst an den Händen, wird durch das intensive Kneten aber kompakter und klebt dann nicht mehr. Den Teig in eine Schüssel legen, mit Frischhaltefolie abdecken und 30 Minuten kalt stellen.

Für die Füllung in einer Pfanne das Pflanzenöl erhitzen und darin Zwiebeln und Knoblauch anbraten. Die Hähnchenfilets zugeben und braten. Das Fleisch aus der Pfanne nehmen und abkühlen lassen. In dieselbe Pfanne (nicht ausspülen!) Tomaten, Mais, Erbsen, Palmherzen, Petersilie und schwarze Oliven geben. Den Deckel auflegen und die Hitze reduzieren. Die Hähnchenbrust mit den Fingern zerteilen und wieder in die Pfanne geben. Etwa 15 Minuten weitergaren, bis alle Flüssigkeit verdampft ist. Mit Salz und Pfeffer abschmecken.

Den Ofen auf 180 °C vorheizen. Den Teig in zwei Portionen teilen. Die Arbeitsfläche mit Mehl bestäuben und den Teig mit einem Teigroller auf die gewünschte Größe ausrollen. Eine runde Springform mit 18 cm Durchmesser ist eine gute Größe. Die Teigplatte in die gefettete Form legen und an Boden und Rand andrücken.

Die Füllung in der mit Teig ausgelegten Form verteilen. Darauf den Catupiry und den Parmesan verteilen.

Die andere Hälfte des Teigs ausrollen und als Deckel auf die Pastete legen. Seitlich Teig gut andrücken. Mit einer Gabel das verbliebene Ei verquirlen und dies dann auf den Pastetendeckel streichen.

Pastete etwa 25 Minuten im Ofen backen, bis der Teig leicht goldbraun ist. Aus dem Ofen nehmen und in Stücke schneiden. Warm mit einem Salat servieren.

KIDNEYBOHNEN »TUTU«

tutu de feijão

Dieses Gericht ist in São Paulo und Minas Gerais sehr beliebt und ideal für Kinder, weil es viel Eiweiß und Eisen enthält.

ZUTATEN

- **500 g Kidneybohnen**
- **1 Lorbeerblatt**
- **4 Eier**
- **2 EL frisch gehackte glatte Petersilie**
- **50 ml Olivenöl**
- **1 Zwiebel, gehackt**
- **4 Knoblauchzehen, gehackt**
- **200 g Chorizo (Paprikawurst), in dünne Scheiben geschnitten**
- **200 g Calabresa (Schweinewurst), in dünne Scheiben geschnitten**
- **200 g Räucherspeck in Scheiben, gewürfelt**
- **1 Bund chinesischer Brokkoli**
- **200 g Maniokmehl**
- **50 g grüne Oliven, entsteint und in Ringe geschnitten**
- **1 TL Salz**
- **½ TL frisch zerdrückter schwarzer Pfeffer**
- **2 Cayenne Chili (Ladyfinger), geschnitten, zum Garnieren**

Für 4–6 Personen

ZUBEREITUNG

Bohnen und Lorbeerblatt in einen Topf geben und mit Wasser bedecken. Zum Kochen bringen und abgedeckt 1 ½ Stunden köcheln lassen.

Das Lorbeerblatt entfernen. Eine Hälfte der gekochten Bohnen herausschöpfen und die andere Hälfte mit der Kochflüssigkeit und der Peterselie pürieren. Dann die ganzen Bohnen wieder untermischen.

Die Eier 7 Minuten in leicht siedendem Wasser hart kochen. Herausnehmen und mit kaltem Wasser abschrecken. Anschließend pellen und grob in mittelgroße Stücke hacken.

Das Olivenöl in einen Topf geben und Zwiebeln, Knoblauch, Wurst und Speck darin anbraten. Den chinesischen Brokkoli und das Maniokmehl untermischen. Alles weitere 5 Minuten garen und dann die Bohnenmischung, Oliven, Eier, Salz und Pfeffer dazugeben. Vorsichtig mischen, damit die Eier nicht zu sehr zerfallen.

Auf einer Servierplatte anrichten und mit Chili garnieren. Dazu weißen Reis, Farofa completa (s. 132) und chinesischen Brokkoli (S. 164) servieren.

ARROZ SELVAGEN
28,00 Kg
CANJICA AMARELO
3,00 Kg
FEIJOÃO TREMOÇO
6,00 Kg
GRÃO DE BICO
13,00 Kg
AMENDOIM VERMELHO
13,00 Kg
FEIJOÃO CAVALO
15,00

ACARAJÉ MIT »VATAPÁ« & GETROCKNETEN GARNELEN

acarajé com vatapá e camarão seco

»Acarajé« bedeutet »einen Feuerball essen« und leitet sich von »acara« für »Ball aus Feuer« und »jé« für »essen« ab.

ZUTATEN

Acarajé

- 500 g Schwarzaugenbohnen
- 1 l Wasser
- 500 g Zwiebeln, gehackt
- 500 ml Dende-Öl zum Frittieren
- Malagueta-Sauce (S. 144)
- 1 Prise Pfeffer
- 1 Prise Salz

Vatapá

- 500 ml Kokosmilch
- 250 g Semmelbrösel
- 50 g Cashewkerne
- 50 ml Dende-Öl
- 150 g getrocknete Garnelen, ohne Kopf
- 1 Tomate, gewürfelt
- ½ Zwiebel, gewürfelt
- 1 EL frisch gehackter Koriander
- 1 EL Frühlingszwiebeln, gehackt
- 1 kleine grüne Chili, gehackt

Für 8 Personen

ZUBEREITUNG

Die Bohnen grob mixen, damit sie aufgebrochen werden. In ein Gefäß füllen und mit Wasser bedecken. Über Nacht oder mindestens 12 Stunden quellen lassen.

Für das Vatapá Kokosmilch, Semmelbrösel und Cashewkerne in einem Mixer pürieren. Die Mischung in einen Topf geben und bei mittlerer Hitze zum Kochen bringen. In diesem Rezept ist es wichtig, dass die Zutaten gut vermischt werden. Das Dende-Öl untermischen und die getrockneten Garnelen zugeben. Etwa 10 Minuten kochen, dann die anderen Zutaten untermischen. Permanent rühren, bis die Mischung eine glatte, dickliche Konsistenz annimmt. Wenn sie zu stark kocht, die Hitze reduzieren. Das Vatapá ist fertig.

Für die Zubereitung von Acarajé die Bohnen abgießen und mit Zwiebeln, Salz und Pfeffer im Mixer zu einer glatten Paste verarbeiten. Die Acarajé-Paste ist fertig. Bällchen daraus formen und in einer Pfanne mit dem erhitzten Dende-Öl goldbraun frittieren.

Bällchen mit dem Messer halbieren und nach Belieben mit Vatapá und Malagueta-Sauce füllen.

ÜBERBACKENES KREBS-FLEISCH IN DER MUSCHEL

casquinha de siri tradicional

Dies ist ein beliebtes Gericht an brasilianischen Stränden. Dort bietet es jeder gute Imbiss an.

ZUTATEN

- 2 EL natives Olivenöl extra
- 2 EL Dende-Öl (oder Palmöl)
- 100 g Butter
- 2 EL Zwiebeln, fein gewürfelt
- 2 EL grüne Paprika, fein gehackt
- 1 Knoblauchzehe, zerdrückt
- 1 TL Ingwer, geraspelt
- 1 TL gemahlene Kurkuma
- 1 kg Krebsfleisch
- 200 ml Kokosmilch
- 2 Tomaten, gehäutet, entkernt und in Würfel geschnitten
- 1 TL Salz
- ½ TL frisch zerdrückter schwarzer Pfeffer
- 4 EL frisch gehackter Koriander
- 12 Jakobsmuschelschalen
- 100 g Parmesan, gerieben
- 100 g Semmelbrösel
- 500 g Steinsalz
- Limettenspalten zum Servieren

Für 6 Personen

ZUBEREITUNG

Olivenöl, Dende-Öl und Butter in einer Pfanne bei mittlerer Hitze erwärmen. Sobald die Butter geschmolzen ist, Zwiebeln, grüne Paprika, Knoblauch, Ingwer und Kurkuma zugeben und etwa 5 Minuten garen.

Das Krebsfleisch zugeben und kochen, bis kaum mehr Flüssigkeit vorhanden ist. Das dauert etwa 10 Minuten. Kokosmilch, Tomaten, Salz und Pfeffer untermischen. Die Hitze reduzieren und alles etwa 15 Minuten köcheln, bis die Flüssigkeit auf ein Viertel reduziert ist. Pfanne vom Herd nehmen und den Koriander zugeben.

Den Backofengrill vorheizen. Die Jakobsmuschelschalen waschen, die Krebsfleischmischung gleichmäßig darauf verteilen und leicht andrücken. Mit Parmesan und Semmelbröseln bestreuen. Unter dem Backofengrill grillen, bis die Brösel schön goldbraun sind.

Ein Serviertablett mit Steinsalz bestreuen und die Muschelschälchen daraufsetzen. Das überbackene Krebsfleisch mit Limettenspalten servieren.

Hinweis: Wenn im Kühlschrank eine gute Chilisauce bereitsteht, passt sie prima dazu. Dies ist eines meiner Lieblingsrezepte, besonders im Sommer mit einem eiskalten Bier.

MOLE
00
kg
COSTELA
10.00
CHARQUE
16.00

DAS VERBORGENE GESALZENE TROCKENFLEISCH

escondidinho de carne seca

Dieses Gericht ist so etwas wie eine brasilianische Variante des berühmten irischen Shepherd's Pie.

ZUTATEN

1 kg Rindfleisch, gesalzen und getrocknet

1 kg Maniok

250 ml Wasser

250 ml Kokosmilch

50 g Butter

50 ml Olivenöl

1 Zwiebel, gehackt

2 Knoblauchzehen, gehackt

1 TL Salz

½ TL schwarzer Pfeffer

2 EL frisch gehackte glatte Petersilie

250 g Catupiry (Frischkäse)

250 g Mozzarella, in Scheiben geschnitten

100 g Parmesan, gerieben

Für 6–8 Personen

ZUBEREITUNG

Das Fleisch in 5 cm lange Stücke schneiden, in eine Schüssel legen und mit Wasser bedecken. Das Wasser mindestens dreimal wechseln, um überschüssiges Salz zu entfernen. Über Nacht stehen lassen.

Am nächsten Tag das Wasser nochmals wechseln, mit dem Fleisch in einen Topf geben und dieses weich kochen. Fleisch auskühlen lassen und mit den Fingern in Stücke teilen. Es sollte noch leicht salzig schmecken. Bei Bedarf nachsalzen.

Den Maniok klein hacken, Wasser und Kokosmilch zugeben und gut durchmischen.

In einem Topf bei mittlerer Hitze Butter und Olivenöl erhitzen und Zwiebeln und Knoblauch 2–3 Minuten darin anbraten. Die Maniokmischung, Salz und Pfeffer dazugeben und unter häufigem Rühren 30 Minuten kochen. Dann die Petersilie untermischen.

Den Boden einer Keramikschale mit dem Rindfleisch belegen. Catupiry und Mozzarella darauf verteilen und mit einem Spritzbeutel die Maniokmischung auf den Käse spritzen. Zum Abschluss noch Parmesan auf die Maniokmasse streuen.

Im vorgeheizten Ofen bei 180 °C in etwa 20 Minuten knusprig überbacken. Mit einem grünen Salat servieren.

BEILAGEN, SALATE & SAUCEN

TOMATENSALSA

vinagrete

Diese ganz einfache Salsa-Variante gehört als klassische Beilage zu jedem brasilianischen Barbecue.

ZUTATEN

1 kg Tomaten, gewürfelt

400 g Zwiebeln, gewürfelt

500 g gelbe Paprika, gewürfelt

5 EL frisch gehackte glatte Petersilie

200 ml natives Olivenöl extra

120 ml Weißweinessig

2 EL Salz

1 TL schwarzer Pfeffer

Für 10–12 Personen

ZUBEREITUNG

Tomaten, Zwiebeln und Paprika in einer Schüssel mischen. Die übrigen Zutaten dazugeben und gut untermischen. Salsa bis zum Servieren kalt stellen.

Hinweis: Natürlich kann man auch experimentieren und andere Zutaten ausprobieren. Es bieten sich etwa Kräuter wie Koriander an, unterschiedliche Paprika- oder Tomatensorten – oder Mais.

GERÖSTETES MANIOKMEHL

farofa completa

Es gibt verschiedene Möglichkeiten, eine Farofa completa zuzubereiten. Sie gehört zu den Beilagen, die man auch gut solo genießen kann. Und sie steckt voller Nährstoffe. Das folgende Rezept ist meiner Ansicht nach die Anleitung für eine ganz traditionelle brasilianische Farofa.

ZUTATEN

50 ml Pflanzenöl

100 g Butter

½ Zwiebel, gewürfelt

100 g Speckscheiben, gewürfelt

2 Knoblauchzehen, gehackt

500 g Maniokmehl

Salz

Pfeffer

50 g chinesischer Brokkoli (Kai-lan)

10 grüne Oliven, entsteint und in Ringe geschnitten

10 g Sultaninen

2 Eier

1 EL frische gehackte glatte Petersilie

Für 6 Personen

ZUBEREITUNG

Öl und Butter bei mittlerer Hitze in einem Topf erwärmen. Sobald die Butter geschmolzen ist, Zwiebeln und Speck zugeben und anbraten, bis die Zwiebeln zu bräunen beginnen.

Den Knoblauch zugeben, kurz mitbraten und dann das Maniokmehl, Salz und Pfeffer hinzufügen. Mit einem Holzspatel das Mehl so lange rühren, bis es angeröstet ist.

Den Topf auf dem Herd lassen. Chinesischen Brokkoli, grüne Oliven und Sultaninen hineingeben und alles so lange rühren, bis der Brokkoli gar ist. Den Herd ausschalten. Eier und Petersilie in den Topf geben und alles gut durchrühren – schon ist die Farofa completa fertig.

GERÖSTETES MANIOKMEHL – GRUNDREZEPT

farofa básica

Die bei jedem brasilianischen Barbecue servierte Farofa wird aus Maniokwurzeln zubereitet. Man hackt die Maniokwurzel klein, presst dann die überschüssige Flüssigkeit aus und lässt die feste Masse in der Sonne gut trocknen. So erhält man das Maniokmehl *(farinha de mandioca)*. Durch weitere Zutaten und das Rösten wird daraus die Farofa.

ZUTATEN

50 ml Pflanzenöl

100 g Butter

½ Zwiebel, gewürfelt

2 Knoblauchzehen, gehackt

500 g Maniokmehl

10 g Salz

1 Prise schwarzer Pfeffer

Für 6 Personen

ZUBEREITUNG

Öl und Butter bei mittlerer Hitze in einem Topf erwärmen. Sobald die Butter geschmolzen ist, die Zwiebelwürfel zugeben und solange anbraten, bis sie zu bräunen beginnen.

Den Knoblauch zugeben, etwas mitbraten und dann das Maniokmehl, Salz und Pfeffer hinzufügen. Mit einem Holzspatel das Mehl so lange rühren, bis es gut angeröstet ist.

Ein saftiges Fleischstück direkt vom Grill nehmen und in dem gerösteten Maniokmehl wälzen – einfach köstlich!

KARTOFFELSALAT

maionese de batata

Der Kartoffelsalat bildet zusammen mit Tomatensalsa und Farofa ein Beilagentrio, das bei jedem brasilianischen Barbecue vertreten ist. Wenn er fehlt, stimmt etwas nicht. Die drei ergänzen sich perfekt: die Cremigkeit des Kartoffelsalats, die Säure der Tomatensalsa und die Röstaromen der Farofa.

ZUTATEN

1 kg Kartoffeln, in 1 cm große Würfel geschnitten

200 g Karotten, gewürfelt

1 Maiskolben

100 g grüne Bohnen

30 g grüne Oliven, in Ringe geschnitten

1 TL Salz

1 TL schwarzer Pfeffer

Aioli

1 Ei

40 g Dijon-Senf

30 ml Weißweinessig

1 Knoblauchzehe, zerdrückt

1 TL Salz

500 ml Pflanzenöl

Für 6–8 Personen

ZUBEREITUNG

Die Gemüsesorten separat kochen, entweder einfach in Wasser garen oder dämpfen. Ich empfehle das Dämpfen, denn so bleiben die natürlichen Aromen besser erhalten.

Das fertig gegarte Gemüse abgedeckt in den Kühlschrank stellen und gut abkühlen lassen. Oder ein großes Sieb und eine Schüssel mit Eiswasser verwenden. Einfach das Gemüse in das Sieb abseihen und dieses in die Schüssel mit dem eiskalten Wasser stellen. Anschließend die Maiskörner vom Kolben lösen.

Die Aioli lässt sich per Hand anrühren oder einen Stabmixer dafür verwenden. Mit Ausnahme des Öls alle Zutaten gut vermixen, dann langsam das Öl einrühren, sodass eine schöne cremige Mayonnaise entsteht.

Das Gemüse, Aioli, grüne Oliven, Salz und Pfeffer mischen.

SALAT AUS PALMHERZEN

salada de palmito

Palmherzen sind in den meisten Ländern der Welt nicht sehr verbreitet, doch in Brasilien bekommt man sie überall. Sie werden aus dem oberen Stammabschnitt bestimmter Palmbäume gewonnen. In Brasilien bevorzugt man die Pfirsichpalme (*palmeira pupunha*). Palmherzen passen gut zu Hühnergerichten.

ZUTATEN

1 kg Palmherzen (Konserve)

2 EL frisch gehackte glatte Petersilie

250 g Cherrytomaten, geviertelt

Saft von 1 Zitrone

4 EL natives Olivenöl extra

1 TL getrockneter Oregano

1 TL Tafelsalz

1 TL frisch zerdrückter schwarzer Pfeffer

2 EL knuspriger Knoblauch zum Garnieren (S. 161)

Für 6–8 Personen

ZUBEREITUNG

Die Palmherzen in etwa 5 mm dicke Scheiben schneiden. Die Scheiben in eine Schüssel geben und mit den anderen Zutaten (bis auf den Knoblauch) vermischen. Dabei vorsichtig vorgehen, damit die Palmherzen nicht zerbrechen.

Palmherzen auf einer Servierplatte anrichten und mit dem knusprigen Knoblauch bestreuen. Wer möchte, kann auch für jeden Gast ein eigenes kleines Schälchen vorbereiten.

Tipp: Man kann auch ein Palmherz längs in Scheiben schneiden und diese in Olivenöl frittieren. Das ergibt eine schöne Garnitur oder passt auch gut in einen Salat.

KLASSISCHER BRASILIANISCHER WEISSER REIS

arroz branco

Weißer Reis steht mittags und abends in jedem Haus in Brasilien auf dem Tisch. Zusammen mit Bohnen bildet er überall im Land die Grundlage für alle Mahlzeiten – Reis mit Bohnen.

ZUTATEN

30 ml Pflanzenöl

2 EL Zwiebeln, gehackt

1 Knoblauchzehe, gehackt

250 g Langkornreis

1 TL Salz

500 ml Wasser

Für 4 Personen

ZUBEREITUNG

Pflanzenöl in einen kleinen Topf geben und auf mittlere Hitze erwärmen. Die frisch gehackten Zwiebeln dazugeben und anbraten, bis die Zwiebelstücke weich sind. Dabei ständig mit einem Holzlöffel umrühren. Den gehackten Knoblauch hinzufügen und kurz braten, dann den Reis und Salz dazugeben. Den Reis unter permanentem Rühren einige Minuten anschwitzen.

Das Wasser angießen und alles gut durchrühren. Nach 5 Minuten ein letztes Mahl umrühren, dann den Reis zum Kochen bringen. Die Hitze drosseln und den Reis so lange köcheln lassen, bis alles Wasser verdampft ist. Das dauert etwa 15 Minuten.

FEIJÃO
DE CORDA
R$ 12,00
FEIJÃO
FRADINHO
R$ 10,00
FEIJÃO
JALO
COD
804
MIX
SALADA
R$ 20,00
FEIJÃO
RAJADO
R$ 12,00
ARROZ
ARBORIO
ITALIANO
R$ 15,00
COD
816
32.00

LENTILHA ESPANHOLA
R$ 8.00 kilo
COD 845
ERVILHA PARTIDA
R$ 10.00 kg
COD 844
GRÃO BICO
R$ 15.00
COD 810
FARINHA DO PARÁ
R$ 12,00 Kilo
FARINHA MANDIOCA FINA
R$ 7,00 Kilo
ARROZ
AG-INT-MIS
R$ 7.00 Kilo
814
ARROZ
VERMELHO
R$ 16.00 KG

KNUSPERREIS MIT VIER KÄSE-SORTEN UND AUBERGINENSALSA

arroz crocante com quatro queijos e vinagrete de berinjela

Dieses Gericht habe ich früher gern in Brasilien gegessen und wegen seines intensiven Geschmacks nie vergessen.

ZUTATEN

- **klassischer brasilianischer weißer Reis (S. 137)**
- **2 EL Parmesan, gerieben**
- **2 EL Provolone, gerieben**
- **2 EL Frischkäse**
- **2 EL Blauschimmelkäse**

Auberginensalsa

- **4 EL natives Olivenöl extra, zzgl. etwas zum Einfetten**
- **1 kleine Zwiebel, gewürfelt**
- **1 Knoblauchzehe, gehackt**
- **1 Tomate, gewürfelt**
- **1 gelbe Paprika, gewürfelt**
- **1 Aubergine, gewürfelt**
- **100 ml Weißweinessig**
- **1 EL frisch gehackte Petersilie zzgl. etwas zum Garnieren**
- **1 TL Salz**
- **1 EL frisch zerdrückter schwarzer Pfeffer**
- **200 g halb getrocknete Tomaten**

Für 6–8 Personen

ZUBEREITUNG

Den Ofen auf 180 °C vorheizen. Eine Springform mit 18 cm Durchmesser (mit herausnehmbarem Boden) leicht mit Öl einfetten.

Den gekochten Reis und die vier Käsesorten mit den Händen vermischen und so auf dem Boden und am Rand der Form verteilen, dass eine Art Reisschüssel entsteht. Dann 15 Minuten im Ofen backen.

Für die Auberginensalsa das Olivenöl bei mittlerer Hitze in einem Topf erwärmen. Zwiebeln und Knoblauch zugeben und weich schmoren. Tomaten, Paprika und Auberginen in den Topf geben und etwa 15 Minuten garen, bis die Auberginen weich sind. Essig und Petersilie untermischen und das Gemüse mit Salz und Pfeffer abschmecken.

Die Auberginensalsa etwas abkühlen lassen und in die »Reisschüssel« füllen. Zum Schluss die halb getrockneten Tomaten obenauf legen und das Ganze nach Belieben noch mit Petersilie garnieren.

Hinweis: Der Reis passt perfekt zu jedem Fleisch und sogar zu Meeresfrüchten.

SAUCE AUS BLAUSCHIMMELKÄSE

molho de gorgonzola

Blauschimmelkäse ist eindeutig mein Favorit unter den Käsesorten. In Brasilien serviert man diese Sauce gerne zu Filet Mignon.

ZUTATEN

2 EL Pflanzenöl

1 Gemüsezwiebel, gewürfelt

2 EL Knoblauch, gehackt

1 l Weißwein

1 l Geflügelbrühe

1 kg Crème fraîche

100 g Blauschimmelkäse

Saft von ½ Zitrone

Für 6 Personen

ZUBEREITUNG

Das Öl in einem Topf bei schwacher Hitze erwärmen. Die Zwiebeln zugeben und glasig dünsten.

Den Knoblauch zufügen und kurz mitgaren, aber nicht braun werden lassen.

Den Weißwein angießen und aufkochen. Unter ständigem Rühren die Flüssigkeit um zwei Drittel reduzieren.

Die Geflügelbrühe angießen und das Ganze wieder um zwei Drittel einkochen. Die Crème fraîche zugeben und unter Rühren aufkochen. Dabei permanent rühren, damit nichts am Boden anbrennt.

Etwa 25 Minuten kochen, bis die Sauce beginnt, dicklich zu werden. Am Schluss sollten etwa 600 ml Sauce übrig bleiben.

Topf vom Herd nehmen und Blauschimmelkäse und Zitronensaft in die Sauce rühren, bis der Käse geschmolzen ist.

Abkühlen lassen, dann alles in der Küchenmaschine zu einer glatten Sauce verarbeiten.

Hinweis: Diese Sauce ist auch eine gute Basis für ein Fondue. Man muss sie dann nur etwas stärker einkochen.

MALAGUETA-SAUCE

molho de pimenta malagueta

Dieses Rezept habe ich von meiner Mutter abgeschaut. Diese Chilisauce kann man einfach so weglöffeln, wenn man es gerne scharf mag. Bei den Barbecues unserer Familie darf sie nicht fehlen. Sie schmeckt zu allen Fleischsorten und Grillgemüse.

ZUTATEN

- **3 rote Paprika, geröstet**
- **1 kleine Zwiebel**
- **1 Knoblauchzehe**
- **Saft von 2 Limetten**
- **1 TL Salz**
- **1 TL getrockneter Oregano**
- **1 Lorbeerblatt**
- **3 Malagueta-Chilis (Bird's Eyes Chilis)**
- **4 EL natives Olivenöl extra**

Für 6–8 Personen

ZUBEREITUNG

Es gibt zwei Varianten, um die Paprika vorzubereiten: Die Paprika mit Pflanzenöl bepinseln und bei 200 °C etwa 20 Minuten im Ofen rösten. Oder Paprika über die Flamme eines Gasherds halten, bis die Haut schwarz wird. Sobald die Haut fast rundum schwarz ist, Paprika in jedem Fall in eine Edelstahlschüssel legen und mit Frischhaltefolie abdecken. Etwa 1 Stunde ruhen lassen.

Von den Paprikas die verkohlte Haut abziehen und alle Zutaten in einen Mixer geben und zu einer glatten Paste verarbeiten. Die Sauce lässt sich im Kühlschrank bis zu 2 Wochen aufbewahren.

Hinweis: Man kann mit verschiedenen Chilisorten experimentieren und beispielsweise mit Habaneros eine »Höllenversion« kreieren.

ZWIEBELSALSA

cebolete

Man könnte diese Salsa als Variation unserer berühmten »vinagrete« (Tomatensalsa) bezeichnen. Die Zwiebelsalsa hält sich mehrere Wochen und ist so stets griffbereit.

ZUTATEN

- **250 g Gemüsezwiebeln, in Ringe geschnitten**
- **250 g rote Zwiebeln, in Ringe geschnitten**
- **1 TL getrockneter Oregano**
- **1 EL frisch gehackte glatte Petersilie**
- **1 Cayenne-Chili (Ladyfinger), in Ringe geschnitten**
- **1 Prise frisch zerdrückter schwarzer Pfeffer**
- **1 TL Salz**
- **100 ml Weißweinessig**
- **100 ml natives Olivenöl extra**

Für 6 Personen

ZUBEREITUNG

Eine große Schüssel mit kaltem Wasser bereitstellen.

In einem Topf bei mittlerer Hitze 500 ml Wasser zum Kochen bringen. Die Zwiebelringe für etwa 10 Sekunden in das kochende Wasser geben.

Die Zwiebelringe vorsichtig mit der Schaumkelle aus dem Topf heben und in die Schüssel mit kaltem Wasser legen. Durch das Abkühlen wird der Garprozess gestoppt.

Die Zwiebelringe aus dem Wasser schöpfen und mit den restlichen Zutaten vermischen.

Hinweis: Mit dieser Zwiebelsalsa lassen sich auch köstliche Grillsandwiches zubereiten.

GEMISCHTE KRÄUTERBUTTER

manteiga de ervas

Ich habe schon viele verschiedene Varianten von Kräuterbutter in diversen Restaurants probiert, doch diese ist mit ihrem Hauch von Cognac einfach großartig. Zum Sterben lecker … diese aromatische Mischung aus frischen Kräutern, Knoblauch und Weißwein, dazu die leichte Rauchnote des Paprikapulvers – am besten selbst probieren!

ZUTATEN

1 Schalotte, fein gewürfelt

1 Knoblauchzehe, gehackt

etwas Olivenöl

3 EL Weißwein

30 ml Cognac

500 g weiche Butter

2 EL frisch gehacktes Basilikum

2 EL frisch gehackte glatte Petersilie

1 EL frisch gehackter Thymian

1 EL frisch gehackter Rosmarin

1 TL geräuchertes Paprikapulver

Saft von ½ Limette

Für 6 Personen

ZUBEREITUNG

Schalotte und Knoblauch in einem Topf mit etwas Olivenöl bei mittlerer Hitze anbraten. Weißwein und Cognac angießen und flambieren, bis der Alkohol verdampft ist. Topf vom Herd nehmen und die Zwiebelmischung abkühlen lassen.

In einer Edelstahlschüssel alle Zutaten gründlich miteinander vermischen. Die fertige Kräuterbutter in einem Gefäß im Kühlschrank lagern oder zu einer Rolle formen, von der man Scheiben abschneiden und auf Steaks legen kann.

Dafür etwa 50 cm Frischhaltefolie auf der Arbeitsfläche ausbreiten. Die Butter auf das vorne liegende Ende der Folie streichen. Die Folie nun mit beiden Händen nicht zu weit außen packen und die Butter so zu einer kompakten Rolle formen. Beim Zusammenrollen die überschüssige Luft mit den Händen seitlich aus der Folie herausdrücken.

Zum Schluss die beiden Folienenden verknoten. Die Rolle im Kühlschrank lagern und die Butter zu verschiedenen Fleischstücken servieren.

BRAZA-KÄSESAUCE »A LA CATUPIRY«

molho de queijo »quero ser catupiry« do braza

»Catupiry« ist der Name eines bekannten brasilianischen Frischkäses, der seit 1911 hergestellt wird. Das Wort »Catupiry« bedeutet in der indigenen brasilianischen Sprache Tupí-Guaraní so viel wie »sehr gut, hervorragend«. Und man kann diese Sauce auch zu Recht als sehr gute, ja gar hervorragende Sauce bezeichnen. Die Basis dafür ist die berühmte Béchamelsauce.

ZUTATEN

- **20 g Butter**
- **20 g Mehl**
- **500 ml Milch**
- **1 Prise Salz**
- **250 g Doppelrahmfrischkäse**

Für 6 Personen

ZUBEREITUNG

Die Butter in einem Topf bei schwacher bis mittlerer Temperatur erhitzen, bis sie zu rauchen beginnt. Dann das Mehl zugeben.

Unter Rühren 1–2 Minuten anschwitzen, bis sich Blasen bilden. Topf vom Herd nehmen und langsam die Milch einrühren, sodass eine glatte Masse entsteht.

Topf wieder auf den Herd stellen und Sauce unter Rühren etwa 10 Minuten erwärmen, bis sie zu kochen beginnt und eindickt.

Vom Herd nehmen, Salz und Frischkäse untermischen, bis sich der Käse völlig aufgelöst hat.

Hinweis: Diese Sauce passt gut zu den verschiedensten Fleischstücken. Im Kühlschrank hält sie sich bis zu zwei Wochen.

CHIMMICHURRI

chimmi churri

Dies ist ein sehr einfaches Rezept. Die Sauce kann als Beigabe serviert werden oder beim Grillen über das Fleisch gepinselt werden. Passt prima zu Lamm.

ZUTATEN

4 EL frisch gehackte glatte Petersilie

4 EL frisch gehackter Koriander

2 EL frisch gehackter Oregano

1 Knoblauchzehe, gehackt

¼ TL geröstete Kreuzkümmelsamen

30 ml Rotweinessig

100 ml natives Olivenöl extra

1 TL Chiliflocken

½ TL Salz

Für 4 Personen

ZUBEREITUNG

Alle Zutaten in einer Glasschüssel gut vermischen. Zum Durchziehen über Nacht abgedeckt kalt stellen.

Variante: Anstelle des Oregano kann man 4 Esslöffel Minze verwenden und den Korianderanteil auf 2 Esslöffel reduzieren. So bekommt man ein Minze-Chimmichurri.

BRAUNE BUTTER MIT KNOBLAUCH

molho de manteiga queimada e alho

Diese Sauce passt mit ihrem feinen nussig-buttrigen Geschmack sehr gut zu Meeresfrüchten und Fisch. Keine falsche Zurückhaltung, verwende sie so oft wie möglich. Bei einem Barbecue das Fleisch während des Grillens zwei- bis dreimal damit bestreichen.

ZUTATEN

500 g Butter, gewürfelt

5 Knoblauchzehen, zerdrückt

Für 8–10 Personen

ZUBEREITUNG

Zum Klären der Butter braucht man einen Topf mit dickem Boden. Die Butter darin bei schwacher Hitze erwärmen. Sobald die Butter schmilzt, verdampft das Wasser und ein weißer Schaum bildet sich oben auf der Butter. Das sind die Milchfette, die sich von den Butterfetten trennen. Den Schaum mit einem Löffel abschöpfen und wegwerfen.

Die Butter durch ein sehr feines Sieb oder Musselintuch abseihen.

Die Butter in den Topf zurückgießen und bei schwacher Hitze den Knoblauch zugeben. Aufkochen und Topf dann vom Herd nehmen.

Hinweis: Luftdicht verschlossen, hält sich die Butter im Kühlschrank bis zu 2 Monate.

97

RÖSTGEMÜSE AUS DER KOHLE

vegetais assados no carvão

Dieses Gericht schmeckt besonders interessant, wenn man verschiedene Sorten Kartoffeln, Süßkartoffeln und Winterkürbis darin verarbeitet. Also einfach zum Gemüseladen gehen und querbeet einkaufen.

ZUTATEN

Kartoffeln, Süßkartoffeln und Winterkürbisse (verschiedene Sorten und Größen)

Rosenkohl

Thymianzweige

Salz

frisch zerdrückter schwarzer Pfeffer

natives Olivenöl extra

1 Gemüsezwiebel

1 rote Zwiebel

1 weiße Zwiebel

1 Knoblauchknolle

250 g Butter

2 EL Schnittlauch

2 EL glatte Petersilie

Babyspinatblätter zum Garnieren

Für 6–8 Personen

ZUBEREITUNG

Große Alufolienstücke auf der Arbeitsplatte ausbreiten. Darauf das Gemüse verteilen und jeweils 1 Thymianzweig, 1 Prise Salz, frisch zerdrückten schwarzen Pfeffer und etwas Olivenöl darübergeben. Die Gemüsestücke einzeln verpacken, nur der Rosenkohl wird als Sechserpack eingewickelt.

Die Päckchen oben auf die Holzkohle legen. Je nach Größe sind 1–1 ½ Stunden Garzeit erforderlich. Dabei mindestens einmal umdrehen.

Während das Gemüse gart, die Zwiebeln halbieren und quer in halbe Ringe schneiden. Die Zwiebeln in einer Pfanne mit etwas Öl bei mittlerer Hitze dünsten, bis sie karamellisieren. Den frisch gehackten Knoblauch zugeben und die Zwiebeln noch etwas stärker bräunen. Beiseitestellen.

Vor dem Auspacken überprüfen, ob das Gemüse gar ist. Dann schälen, in kleinere Stücke schneiden und auf ein Backblech legen. (Wenn das Gemüse dabei etwas zerfällt, ist das nicht schlimm.)

Die Butter in einem Topf zerlassen, die Zwiebeln dazugeben und alles über das gegarte Gemüse verteilen. Schnittlauch, Petersilie und Babyspinat zugeben, Gemüse abschmecken und alles vorsichtig durchmischen.

GROSSMUTTERS KLASSISCHE MARINADEN

temperos clássicos da vovó

Dies sind sehr einfache Marinaden, die man gut vorbereiten und im Kühlschrank für den täglichen Gebrauch aufheben kann. Ich habe sie eigentlich immer im Kühlschrank parat, denn sie lassen sich durch verschiedene Gewürze oder frische Kräuter wie Rosmarin leicht variieren.

ZUTATEN

- 100 ml Pflanzenöl
- 100 ml Weißweinessig
- 1 Zwiebel
- 2 Tomaten, gehäutet
- 2 Knoblauchzehen
- Meersalz
- frisch zerdrückter schwarzer Pfeffer

Gekochte Variante

- 2 EL Pflanzenöl
- 2 EL natives Olivenöl extra
- 2 Lorbeerblätter
- 1 Zwiebel, gewürfelt
- 1 Cayenne-Chili
- 1 rote Paprika, gewürfelt
- 1 grüne Paprika, gewürfelt
- 2 Knoblauchzehen, gehackt
- 2 EL frisch gehackte glatte Petersilie
- 2 EL Frühlingszwiebeln, gehackt
- 4 EL Balsamicoessig

Für 6 Personen

ZUBEREITUNG

Die Zutaten in einer Küchenmaschine oder mit dem Stabmixer zu einer Marinade verarbeiten.

Für die gekochte Variante Pflanzen- und Olivenöl bei mittlerer Temperatur in einem Topf erhitzen. Die Lorbeerblätter zugeben und 1 Minute anschwitzen, dann Zwiebeln, Chili und Paprika hinzufügen und braten, bis sie leicht karamellisieren.

Die Lorbeerblätter entfernen und die restlichen Zutaten untermischen. In der Küchenmaschine zu einer Marinade mixen.

Hinweis: Ideal, um damit Fleisch beim und/oder nach dem Grillen zu bestreichen.

Hält sich im Kühlschrank in einem luftdicht verschlossenen Glas bis zu 2 Wochen.

GROSSVATERS KNOBLAUCHBROT

pão de alho do vovô

Ich habe wirklich noch niemanden getroffen, der kein Knoblauchbrot mag. Dies ist ein klassisches brasilianisches Rezept für Knoblauchbutter – mit Parmesan. Köstlich!

ZUTATEN

250 g weiche Butter

100 g Parmesan, fein gerieben

3 Knoblauchzehen, zerdrückt

2 EL frisch gehackte glatte Petersilie

1 TL getrockneter Oregano

1 EL Salz

Stangenbrot oder Brötchen zum Servieren

Für 4 Personen

ZUBEREITUNG

Alle Zutaten außer dem Brot in einer Schüssel gut vermischen.

Das Brot der Länge nach aufschneiden, ohne es ganz zu durchtrennen.

Das Brot innen und außen mit reichlich Butter bestreichen. Alle Seiten sollten gut mit Butter überzogen sein.

Das Brot in Alufolie einwickeln und für 10 Minuten in einem Bereich mit schwacher bis mittlerer Hitze auf den Grill legen.

Auspacken und nochmals auf den Grill legen, damit es ein bisschen knusprig wird.

Hinweis: Wer einen intensiveren Käsegeschmack haben möchte, kann vor dem Einwickeln noch etwas geriebenen Parmesan auf das Brot streuen.

KNUSPRIGER KNOBLAUCH

alho crocante

Dies ist eines meiner Lieblingsrezepte. Sicherlich hast du es schon bemerkt: Knoblauch ist eine der Schlüsselzutaten in fast allen meinen Rezepten. Bei der Zubereitung dieses Knoblauchs bitte gut aufpassen, denn er verbrennt leicht.

ZUTATEN

200 ml Pflanzenöl zum Frittieren

1 Knoblauchknolle, fein gewürfelt

Für 6–8 Personen

ZUBEREITUNG

Das Öl in einer Pfanne bei mittlerer Hitze erwärmen und den Knoblauch darin leicht goldgelb braten. Aufpassen, dass er nicht verbrennt und bitter wird. Das Öl in ein Gefäß absieben und aufheben.

Hinweis: Der Knoblauch passt gut zu gegrilltem Fleisch und Ähnlichem. Man kann ihn über das Fleisch streuen oder extra in einem Schälchen servieren.

Das Öl kann man zum Bestreichen des Fleisches vor dem Grillen verwenden.

CHINESISCHER BROKKOLI MIT KNOBLAUCH

couve australiana

In Australien verwende ich gern chinesischen Brokkoli (Kai-lan), weil er der brasilianischen Gemüsesorte »couve« (Grünkohl) am ähnlichsten ist. Seine leicht bittere Note passt gut zu fettem Fleisch. Und mit weißem Reis, Bohnen, Tomatensalsa und Farofa gemischt wird daraus ein delikates Essen. Einfach zu jedem gegrillten Fleisch servieren.

ZUTATEN

2 Bund chinesischer Brokkoli (Kai-lan)

30 ml Pflanzenöl

2 EL Zwiebeln, gehackt

1 TL Knoblauch, gehackt

½ TL Salz

1 Prise schwarzer Pfeffer

Für 6 Personen

ZUBEREITUNG

Die harten Stiele von den Blättern des chinesischen Brokkolis entfernen. Blätter in feine Streifen schneiden und beiseitestellen.

Das Öl in einer Pfanne bei mittlerer Hitze erwärmen und darin Zwiebeln und Knoblauch anbraten. Sobald sie braun werden, den chinesischen Brokkoli untermischen und mit Salz und Pfeffer würzen. Etwa 2 Minuten garen.

POLENTACHIPS

polenta frita

Italienische Immigranten brachten die Polenta Ende des 19. Jahrhunderts mit nach Brasilien, wo sie zu einem wichtigen Bestandteil der brasilianischen Küche wurde. Soweit ich weiß, frittiert oder grillt man aber Polenta in Italien nicht. Diese Zubereitung ist also klassisch brasilianisch – gut und knusprig.

ZUTATEN

600 ml Wasser

20 g Butter

1 TL Salz

¼ TL frisch zerdrückter schwarzer Pfeffer

150 g Polenta

50 g Parmesan

Pflanzenöl zum Frittieren

Für 6 Personen

ZUBEREITUNG

Das Wasser mit Butter, Salz und Pfeffer in einem großen Topf bei mittlerer Hitze zum Kochen bringen.

Die Polenta langsam zugeben und ständig rühren, bis der Brei eindickt. Den Parmesan untermischen. Die Hitze reduzieren, den Topf abdecken und 20 Minuten stehen lassen.

Die gekochte Polenta in eine flache Schale gießen. Sobald sie ausgekühlt ist, mit Frischhaltefolie abdecken und kalt stellen. Nach 3 Stunden im Kühlschrank sollte sie fest sein.

Ein Schneidebrett auf die Schale mit der Polenta legen und diese umstürzen, sodass die Polenta auf das Brett kippt. Sie liegt nun als fester Block auf dem Brett und kann verarbeitet werden.

In einer Pfanne das Öl stark erhitzen. Die Polenta in kleine, 5 cm große Stücke schneiden.

Die Polentastückchen vorsichtig einzeln in die Pfanne legen. Aufpassen, sie zerfallen leicht. Sobald sich eine dünne Kruste gebildet hat, kann man die Stücke etwas bewegen. Wenn sie leicht goldbraun sind, mit einer Schaumkelle herausnehmen und auf Küchenpapier abtropfen lassen. Den Vorgang mit dem Rest der Polenta wiederholen. Auf einer Platte anrichten und am besten warm servieren.

REIS DER FUHRLEUTE

arroz carreteiro

Dies ist ein traditionelles Rezept aus dem Süden Brasiliens. Ende des 19. Jahrhunderts bereitete man es mit getrocknetem und gesalzenem Fleisch zu. Heute verwendet man gerne das gegrillte Fleisch vom Vortag, das ebenfalls trocken und salzig ist.

ZUTATEN

- 2 EL Pflanzenöl
- 1 Gemüsezwiebel, gewürfelt
- 4 Knoblauchzehen, gehackt
- 1 Karotte, gewürfelt
- 1 rote Paprika, gewürfelt
- 1 gelbe Paprika, gewürfelt
- 1 kg gegartes Fleisch (Reste vom Barbecue)
- 250 ml Tomatenketchup
- 2 Bund Stangenspargel, in Scheiben geschnitten
- 2 EL frisch gehackte glatte Petersilie
- 2 EL Frühlingszwiebeln, gehackt
- 250 g Reis
- 1 l Wasser
- 1 TL Salz
- 1 TL frisch zerdrückter schwarzer Pfeffer
- 2 EL natives Olivenöl extra

Für 6 Personen

ZUBEREITUNG

Das Öl in einem großen Topf (groß genug für alle Zutaten) bei mittlerer Hitze erwärmen. Zwiebeln, Knoblauch, Karotten und Paprika darin leicht anbraten.

Die dünn aufgeschnittenen Fleischreste des Barbecue zufügen und etwa 5 Minuten mitbraten. Dann Tomatenketchup, Spargel und je 1 Esslöffel Petersilie und Frühlingszwiebeln untermischen. Weitere 5 Minuten garen. Reis dazugeben.

Das Wasser angießen, alles gut durchmischen und zum Kochen bringen. Die Hitze reduzieren und den Topf abdecken. Etwa 25 Minuten köcheln lassen, bis die Flüssigkeit komplett verdampft ist.

Den gegarten Reis mit Salz und Pfeffer abschmecken, auf einer Platte anrichten und mit der restlichen Petersilie und den Frühlingszwiebeln bestreuen. Mit Olivenöl beträufeln und servieren.

DESSERTS

BRASILIANISCHE LECKEREIEN

beijinho, olho de sogra, cajuzinho, brigadeiro

ZUTATEN

Beijinho

- 395 g gezuckerte Kondensmilch (aus der Dose)
- 100 g Kokosflocken
- 1 EL Butter
- 2 Eigelb
- Kokosflocken zum Wälzen
- Sultaninen zum Garnieren

Olho de Sogra

- 395 g gezuckerte Kondensmilch (aus der Dose)
- 100 g Kokosflocken
- 2 Eigelb
- 1 EL Butter
- Pflaumen, entsteint

Cajuzinho

- 100 g Cashewkerne, ungesalzen und geröstet, zzgl. etwas zum Garnieren
- 395 g gezuckerte Kondensmilch (aus der Dose)
- 1 EL Butter
- Zucker zum Bestreuen

Brigadeiro

- 395 g gezuckerte Kondensmilch (aus der Dose)
- 1 EL Butter
- 5 EL Schokostreusel

Für 8–10 Personen

Diese brasilianischen Süßigkeiten sind ein Muss bei jedem Kindergeburtstag. Eigentlich dürfen die Kinder sie erst essen, nachdem alle »Happy Birthday« gesungen haben – doch meistens können sie so lange nicht warten.

ZUBEREITUNG

Beijinho

Alle Zutaten mit Ausnahme der Kokosflocken zum Wälzen und der Sultaninen bei schwacher Hitze in einem Topf kochen, bis die Mischung nicht mehr am Boden klebt. Das sollte zwischen 15–20 Minuten dauern. Masse dann auf ein Tablett geben und auskühlen lassen. Kleine Bällchen daraus formen und diese in den Kokosflocken wälzen. Jeweils eine Sultanine als Garnitur aufsetzen.

Olho de Sogra

Wie im Rezept für Beijinho verfahren. Nachdem die Masse ausgekühlt ist, die Pflaumen vorsichtig mit den Fingern öffnen und mit der Masse füllen. Das Ganze erinnert dann an ein Auge.

Cajuzinho

In einer Gewürzmühle die Cashewkerne zu einem feinen Pulver mahlen oder von Hand möglichst fein hacken. Kondensmilch und Butter bei schwacher Hitze in einem Topf erwärmen, zerkleinerte Cashewkerne untermischen und Masse so lange rühren, bis die Masse nicht mehr am Boden klebt. Das sollte etwa 15–20 Minuten dauern. Aus der Masse etwas größere »Cashewkerne« formen, mit Zucker überziehen und mit einem Cashewkern garnieren.

Brigadeiro

Alle Zutaten bis auf die Schokostreusel bei schwacher Hitze in einem Topf erwärmen und gründlich verrühren, bis die Masse nicht mehr am Boden klebt. Je nach Temperatur dauert das 15–20 Minuten. Aus der Masse kleine Kugeln formen und diese in den Schokostreuseln wälzen.

BRASIL 500 ANOS
SHALOM

PASSIONSFRUCHT-MOUSSE MIT SCHOKONÜSSEN

mousse de maracujá

Passionsfruchtmousse ist in Brasilien ein ausgesprochen gern gegessenes Dessert. Ich mag es sehr. Sind Zutaten und Utensilien bereit, dauert die Zubereitung nicht länger als 20 Minuten. Nur die Schokosauce muss unbedingt auf Raumtemperatur abgekühlt sein.

ZUTATEN

Mousse

- **395 g gezuckerte Kondensmilch (aus der Dose)**
- **395 g saure Sahne**
- **4 Passionsfrüchte, plus 1 extra zum Garnieren**
- **4 EL Wasser**

Schokonüsse

- **200 g Milchschokolade**
- **200 g Crème double**
- **50 g Cashewkerne, grob gehackt**
- **frische Minze zum Garnieren**
- **Schokolade, grob gehackt, zum Garnieren**

Für 6 Personen

ZUBEREITUNG

Für die Mousse einfach alle Zutaten in einem Mixer pürieren.

Für die Schokonüsse die Schokolade in einem Topf über einem Wasserbad schmelzen. Die Crème double zugeben und gut unterrühren. Topf aus dem Wasserbad nehmen und die grob zerhackten Cashewkerne untermischen. Abkühlen lassen.

Zum Servieren eine Schicht Schokonüsse in ein Glas geben, sodass der Boden bedeckt ist. Die Passionsfruchtmousse darüberlöffeln. Mindestens 4 Stunden kalt stellen.

Unmittelbar vor dem Servieren die Mousse mit frischer Minze, grob gehackter Schokolade und frischer Passionsfrucht garnieren. Sofort servieren.

PINA-COLADA-KÖSTLICHKEIT

pina colada do sucesso

Dieses Rezept wurde von einem klassischen karibischen Cocktail inspiriert. Da Brasilien reich ist an Kokosnüssen und Ananas, ist das Dessert dort sehr beliebt. Man kann den Rum auch durch Cachaça ersetzen.

ZUTATEN

kandierte Ananas und Minze zum Garnieren

Kokosnuss-Pannacotta

250 ml Kokosmilch

250 ml Crème double

150 ml Milch

100 g Zucker

1 EL Gelatine

100 ml heißes Wasser

Rumrosinen & Ananassauce

1 TL Zucker

200 ml Ananassaft

1 EL Rosinen in

3 EL Rum eingeweicht

4 EL Ananas, gewürfelt

1 TL frisch gehackte Minze

Für 6 Personen

ZUBEREITUNG

Zubereitung Kokosnuss-Pannacotta

Kokosmilch, Crème double, Milch und Zucker in einem Topf bei schwacher Hitze erwärmen, bis sich der Zucker gelöst hat. Die Gelatine in dem heißen Wasser auflösen, zur Kokosmischung geben und gut unterrühren.

Masse in sechs zuvor kalt ausgespülte Förmchen füllen, mit Frischhaltefolie abdecken und zum Festwerden etwa 4 Stunden kalt stellen.

Zubereitung Rumrosinen & Ananassauce

In einem kleinen Topf Zucker und Ananassaft mischen und um ein Viertel einkochen, bis die Sauce eine sirupartige Konsistenz hat. Beiseitestellen und abkühlen lassen. In einer Schüssel Rumrosinen, Ananasstückchen, Minze und Ananassirup gut vermischen.

Zubereitung kandierte Ananas

Von einer Ananas 6 oder mehr sehr dünne Scheiben abschneiden. Auf ein mit Backpapier belegtes Ofengitter legen und im Ofen bei 180 °C so lange trocknen, bis sie goldgelb sind. Die Ananasscheiben auf ein seitlich gekipptes Glas legen, damit sie eine gebogene Form bekommen.

Zum Anrichten die Pannacotta in die Mitte eines Tellers oder Schälchens stürzen. Etwas von der Sauce ringsum verteilen und die kandierte Ananas an einer Seite platzieren. Zum Servieren mit Minze garnieren.

ABACAXI
PEROLA

Dates
famosa

Rei
1000

KLEINE KUCHEN AUS »DOCE DE LEITE« MIT VANILLEEIS

petit gateau de doce de leite com sorvete de creme

Doce de Leite macht man traditionell im Bundesstaat Minas Gerais, doch inzwischen ist diese Süßigkeit überall in Brasilien beliebt. Dies ist eines meiner Lieblingsrezepte.

ZUTATEN

- **395 g gezuckerte Kondensmilch (aus der Dose)**
- **100 g Butter, zzgl. etwas zum Ausfetten**
- **60 g Zucker**
- **2 ganze Eier plus 2 Eigelb**
- **40 g Mehl, gesiebt, zzgl. etwas zum Bestreuen**
- **1 Kugel Vanilleeis pro Portion**
- **Erdbeeren zum Garnieren**

Für 6 Personen

ZUBEREITUNG

Zur Herstellung von Doce de Leite gibt man ausreichend Wasser in einen Topf, sodass die Kondensmilchdose komplett bedeckt ist, und bringt es zum Kochen. Das Etikett der Dose entfernen und diese gut abspülen. Die Dose in das kochende Wasser stellen. Sie muss unbedingt völlig mit Wasser bedeckt sein. Den Topf abdecken und das Wasser 2 Stunden simmern lassen.

Mit einer Zange die Dose aus dem Wasser holen, beiseitestellen und völlig abkühlen lassen.

Den Inhalt der Dose in einen Topf gießen und bei schwacher Hitze die Butter zugeben. Unter Rühren etwa 5 Minuten erhitzen.

Die Mischung abkühlen lassen, dann Zucker und Eier zugeben. Gut durchmischen, schließlich das Mehl gründlich untermischen.

Sechs Förmchen (120 ml) mit etwas Butter leicht ausfetten und mit Mehl ausstäuben. Die Mischung in die Förmchen gießen. Nicht ganz bis zum Rand füllen.

Die Förmchen 4 Stunden in die Tiefkühltruhe stellen, bis die Masse gefroren ist. Die gefrorenen Förmchen dann 8 Minuten bei 250 °C in den vorgeheizten Ofen stellen. Anschließend etwa 3 Minuten abkühlen lassen.

Die kleinen Kuchen vorsichtig aus der Form auf Teller stürzen. Mit Vanilleeis und Erdbeeren garniert servieren.

BRASILIANISCHE CREME CARAMEL

pudim de leite condensado

Fast alle brasilianischen Nachspeisen werden mit gesüßter Kondensmilch zubereitet. Ein Tipp von mir: Dieses Dessert schmeckt einfach großartig zu einem Espresso.

ZUTATEN

3 EL Zucker

395 g gezuckerte Kondensmilch (aus der Dose)

395 ml Milch

3 Eier

1 EL Vanilleextrakt

geröstete Kaffeebohnen zum Garnieren

Für 6 Personen

ZUBEREITUNG

Den Ofen auf 180 °C vorheizen.

Den Zucker und 1 Esslöffel Wasser in einen Topf geben. Bei mittlerer Hitze so lange rühren, bis der Zucker sich aufgelöst hat. Wenn der Zucker zu karamellisieren beginnt, nochmals 2 Esslöffel Wasser zugeben und gut rühren, damit sich kein fester Klumpen bildet. Topf vom Herd nehmen.

Die Hälfte der Karamellsauce auf sechs Förmchen (120 ml) verteilen. Den Rest für später aufheben.

Die restlichen Zutaten in eine Schüssel geben und mit dem Handrührer aufschlagen. Den Schaum abschöpfen und die Mischung auf die Förmchen verteilen. Die Förmchen mit Alufolie abdecken.

Die Förmchen im Wasserbad (bis zur Hälfte der Förmchen mit Wasser gefüllt) 1 ½ Stunden im Ofen backen. Aus dem Ofen nehmen und gut auskühlen lassen. Creme nicht sofort stürzen, sondern erst im Wasserbad ruhen lassen. So kann die Creme sich setzen und die perfekte Konsistenz entwickeln.

Sobald die Creme abgekühlt ist, aus den Förmchen auf einen Servierteller stürzen. Mit einem Löffel die restliche Karamellsauce um die Creme verteilen. Mit drei Kaffeebohnen garnieren und sofort servieren.

KOKOSCREME MIT SCHWARZER PFLAUMENSAUCE

manjar de coco com calda de ameixa preta

Meine Mutter vermachte mir dieses Rezept, das auch bei der Eröffnung des Restaurants zum Einsatz kam. Es weckt bei mir schöne Erinnerungen an meine Kindheit.

ZUTATEN

500 ml Milch

150 ml Kokosmilch

3 EL Maisstärke

3 EL Zucker

25 g Kokosflocken

Schwarze Pflaumensauce

5 EL Zucker

100 ml Wasser

150 g Pflaumen, entsteint

Für 6 Personen

ZUBEREITUNG

Milch und Kokosmilch bei mittlerer Hitze in einem Topf erwärmen. Die Maisstärke zugeben und unter intensivem Rühren auflösen. Die restlichen Zutaten zufügen und so lange kochen, bis die Mischung andickt und nicht mehr am Topfboden klebt.

Die Masse auf sechs Förmchen (120 ml) verteilen. Mindestens 4 Stunden in den Kühlschrank stellen.

Für die Sauce den Zucker in eine Pfanne geben und bei schwacher Hitze rühren, bis er schmilzt. Das Wasser angießen und gut rühren, damit der Zucker nicht verklumpt. Falls er doch fest wird, rühren, bis eine Karamellsauce entsteht.

Die Pflaumen zugeben und verrühren, bis sich eine glatte Sauce gebildet hat. Bis zur Verwendung kalt stellen.

Vor dem Servieren die Kokoscreme aus der Form stürzen, auf einem Dessertteller anrichten und mit Pflaumensauce überziehen. Sofort servieren.

SCHOKOLADEN-FUDGE

brigadeirão

Inspiriert von dieser berühmten Leckerei macht »brigadeirão« bei jeder Party großen Eindruck. Unbedingt mit Erdbeeren und Vanilleeis servieren.

ZUTATEN

395 g gezuckerte Kondensmilch (aus der Dose)

frische Sahne (so viel, wie in die Kondensmilchdose passt)

200 g Kakaopulver

20 g weiche Butter

3 Eier

100 g Schokostreusel

Erdbeeren zum Servieren

Vanilleeis zum Servieren

Für 6 Personen

ZUBEREITUNG

Den Ofen auf 200 °C vorheizen.

Kondensmilch, Sahne, Kakaopulver, Butter und Eier in einen Mixer geben und etwa 3 Minuten rühren.

Die Masse gleichmäßig auf sechs Förmchen (120 ml) verteilen und diese mit Alufolie abdecken. Die Förmchen im Wasserbad (bis zur Hälfte der Förmchen mit Wasser gefüllt) 1 Stunde im Ofen backen. Aus dem Ofen nehmen und zum völligen Abkühlen beiseitestellen.

Nach dem Abkühlen mindestens 4 Stunden in den Kühlschrank stellen.

Vor dem Servieren den Fudge vorsichtig aus der Form stürzen und in den Schokostreuseln wälzen. Auf einem Teller anrichten und mit Erdbeeren und einer Kugel Vanilleeis servieren.

ANANASSTEAK MIT ZUCKER & ZIMT

bife de abacaxi com açúcar e canela

Dies ist ein ganz einfaches, aber köstliches Dessert. Ich verwende Ananas bei jeder möglichen Gelegenheit. Gerade wenn unerwartet Gäste vorbeikommen, ist das ein tolles Rezept. Allerdings muss der Grill tipptopp sauber sein.

ZUTATEN

1 Ananas

20 g Zimtpulver

200 g Zucker

Vanilleeis zum Servieren

Für 4 Personen

ZUBEREITUNG

Die Ananas schälen und in 2 cm dicke Scheiben schneiden. Zimt und Zucker vermischen und etwa die Hälfte der Mischung über die Ananasscheiben streuen.

Den Grill (er muss sehr sauber sein!) vorheizen und die Ananasscheiben wie ein Steak etwa 5 Minuten pro Seite grillen.

Mit dem restlichen Zimtzucker bestreuen und nochmals 5 Minuten pro Seite grillen.

Auf die Mitte jedes Ananassteaks eine Kugel Vanilleeis setzen und sofort servieren.

PAPAYACREME MIT CASSISLIKÖR

creme de papaya com licor de cassis

Dies ist in der Zubereitung vermutlich eines der einfachsten Desserts – und eines der leckersten noch dazu!

ZUTATEN

½ Papaya

250 ml Vanilleeis

120 ml Cassislikör

8 Maraschinokirschen

Für 4 Personen

ZUBEREITUNG

Das Fruchtfleisch der Papaya mit dem Eis vermischen, bis eine cremige Masse entsteht.

Den Boden von 4 Dessertgläsern mit etwas Cassislikör bedecken, dann die Crememischung in die Gläser verteilen. Den restlichen Likör darübergießen. Mit Maraschinokirschen garnieren.

Hinweis: Ist die Papaya sehr groß und bleibt viel davon übrig, einfach das Fruchtfleisch pürieren. Darauf achten, dass keine Schalenteile mit in den Mixer kommen, denn die Haut schmeckt bitter. Keine weitere Flüssigkeit zufügen. Die so erhaltene Paste durch ein Sieb streichen, um unerwünschte Teile zu entfernen. Portionsweise in Plastikbeuteln (250 ml) einfrieren. Wenn Vanilleeis in der Tiefkühltruhe und Cassislikör in der Bar vorrätig sind, kann man so dieses Dessert bei einem überraschenden Besuch im Nu zubereiten.

Sagatiba
CACHAÇA
MADE FROM FRESH CUT SUGARCANE
SATURNO
Imported
700 ml
ÁGUA LUCA
IMPORTED
EXOTIC BRAZILIAN RUM
CACHAÇA
CACHAÇA
VELHO BARREIRO
CACHAÇA
Brazil
Original
Serra "DA BOA"
Esperança
CACHAÇA
PITÚ
Bouquet
cachaça
edição limitada
dj
500 ml
cachaca mineira
Frangelico
LIQUEUR
CRÈME DE CACAO
CONTINENTAL
TRIPLE SEC
CONTINENTAL
TRIPLE SEC
PISCO
Mistral
NOBEL

DRINKS

cachaça
PRATA
OURO
1 Liter
saturno
PREMIUM CACHAÇA
BRAZILIAN RUM
Paulicéia - SP
VERITAS
CACHAÇA
Sagatiba
VELHA
CACHAÇA
CAWSEY'S
TRADITIONAL COCKTAIL SYRUP
BARTENDER'S CHOICE
Grenadine
DRY
DOLIN
VERMOUTH
DE
CHAMBÉRY
LIQUEUR
DE PASTÈQUE
WATERMELON
LIQUEUR
DE PASTÈQUE
WATERMELON
RUBIS
PAMA
FRACTAL

CAIPIRINHA

Caipirinha ist ganz klar der beliebteste Cocktail in Brasilien, der sich inzwischen weltweit verbreitet hat und in jeder guten Bar serviert wird. Er gehört auf jede anständige Cocktailkarte. Und sollte man keinen Caipirinha bekommen, gibt es bestimmt einen Caipiroska. Dazu brauchst du einen Cocktailshaker und einen Stößel.

ZUTATEN

1 kleine unbehandelte Limette

1 EL Zucker

60 ml Cachaça

½ Glas mit Eis

Für 1 Glas (350 ml)

ZUBEREITUNG

Die Limette in feine Spalten schneiden und zusammen mit dem Zucker in den Shaker füllen. Die Limettenspalten so lange zerdrücken, bis der ganze Saft herausgequetscht ist.

Cachaça und Eis zugeben und alles gut durchschütteln – ich betone: wirklich gut durchschütteln.

Flüssigkeit in das Servierglas gießen – schon ist der Caipirinha bereit zum Genießen.

Variation: Der Anteil an Limette lässt sich halbieren und durch beliebige andere Früchte ersetzen. In Brasilien nimmt man gerne Passionsfrucht, Erdbeeren oder Kiwi – einfach ausprobieren!

Für den Caipiroska ersetzt man den Cachaça durch Wodka.

BATIDINHA

Ein weiterer, in Brasilien vor allem wegen seiner Fruchtigkeit und Süße äußerst beliebter und sehr einfacher Cocktail. Zwei der gängigsten Aromenvarianten sind Kokosnuss und Erdbeere.

ZUTATEN

60 ml Cachaça

100 ml gezuckerte Kondensmilch (aus der Dose)

50 ml Kokosmilch

½ Glas mit Eis

1 TL Kokosflocken zum Garnieren

Maraschinokirschen zum Garnieren (optional)

Für 1 Glas (350 ml)

ZUBEREITUNG

Alle Zutaten mit Ausnahme der Kokosflocken und der Kirschen einige Minuten im Mixer vermischen.

Den Cocktail in das Servierglas gießen und mit den Kokosflocken bestreuen. Wer mag, kann ihn mit einer Maraschinokirsche garniert servieren.

Variationen: Wie beim Caipirinha gibt es zahlreiche Variationen etwa mit Erdbeeren, Ananas und Passionsfrucht. Hierfür ersetzt man einfach die Kokosmilch durch den entsprechenden Fruchtsaft.

CAPETA

Capeta bedeutet »Teufel«. Das lässt schon erahnen, worauf man sich bei diesem Drink einlässt. Er stammt aus dem Nordosten Brasiliens und wurde als Spezialität des Carnival in Porto Seguro im Bundesstaat Bahia bekannt. In Porto Seguro ging im 16. Jahrhundert die erste Schiffsflotte aus Portugal vor Anker. Weil er so gerne getrunken wird, verbreitete sich dieser Cocktail rasch über ganz Brasilien.

ZUTATEN

150 ml Wodka

1/3 Ananas, gehackt

200 g gezuckerte Kondensmilch (aus der Dose)

1 EL Kakaopulver

1 TL Zimt

1 TL Guaranápulver

1 Glas mit Eis

Für 2 Gläser (à 350 ml)

ZUBEREITUNG

Alle Zutaten einige Minuten im Mixer verrühren.

Den Cocktail in die Serviergläser gießen und servieren.

Als Garnitur schneidet man eine Scheibe vom Rest der Ananas ab, teilt sie in acht keilförmige Stücke und macht einen kleinen Einschnitt am breiten Ende. Auf jedes Glas steckt man zwei dieser Ananasspalten, die an Teufelshörner erinnern sollten.

Hinweis: Guaraná findet man unter anderem in Reformhäusern.

LEMBRANÇA DO
DA BAHIA
BONFIM DA BAHIA
PEDIDOS
LEMBRANÇA

GUARAJA

Wurde bei der Eröffnung des BRAZA von Max, unserem großartigen Barmann, erfunden. Ein sehr angenehmer und erfrischender Cocktail.

ZUTATEN

3 Erdbeeren zzgl. ein paar zum Garnieren (optional)

45 ml Gin

15 ml Granatapfellikör

30 ml Limettensaft

1 TL Zucker

½ Glas mit Eis

60 ml Guarana-Limonade

Für 1 Glas (350 ml)

ZUBEREITUNG

Die Erdbeeren zerdrücken, dann Gin, Granatapfellikör, Limettensaft und Zucker dazugeben und gut mischen.

Die Mischung in einen Cocktailshaker füllen, Eis dazugeben und alles kräftig schütteln.

Die Guarana-Limonade in den Shaker gießen und nochmals gut durchschütteln.

Cocktail in ein Servierglas gießen und nach Belieben mit einer halben Erdbeere garnieren.

BUTLER FROM RIO

Dieser Cocktail hat eine besondere Geschichte. Er ist entstanden, als wir einen Geburtstag des BRAZA feierten – ich glaube, es war der zweite. Da einige Flaschen herumstanden, fingen wir einfach an, ein bisschen herumzuexperimentieren. Natürlich haben wir auch jede neue Kreation probiert. In jeden der Drinks kam noch eine Maraschinokirsche. Und so war dann der Butler from Rio geboren.

ZUTATEN

45 ml Cachaça gold

30 ml grüner Apfellikör

1 TL (5 ml) Cinzano rosso

45 ml Sodawasser

Eiswürfel

1 Martiniglas

2 Maraschinokirschen

Für 1 Martiniglas

ZUBEREITUNG

Alle Zutaten in einen Cocktailshaker füllen, etwas Eis zufügen und gut durchschütteln. Das Eis muss komplett schmelzen.

Cocktail in ein Martiniglas gießen. Die beiden Kirschen in das Glas legen – und fertig! Er gehört zu den Cocktails mit umwerfender Wirkung, also Vorsicht!

MONTE VERDE

Inspiriert wurde dieser Cocktail von den wunderschönen Bergen rund um Monte Verde im brasilianischen Bundesstaat Minas Gerais. Auch dieser Drink wurde in der Anfangszeit des BRAZA kreiert.

ZUTATEN

½ Kiwi zzgl. etwas zum Garnieren

30 ml Wodka

15 ml grüner Apfellikör

15 ml Litschilikör

15 ml Midori (Melonenlikör)

15 ml Ananassaft

15 ml Apfelsaft

15 ml Limettensaft

½ TL Zucker

Für 1 Glas (350 ml)

ZUBEREITUNG

Das Fruchtfleisch der Kiwi zerdrücken und in den Shaker geben. Die restlichen Zutaten und das Eis zufügen und gut schütteln. Eine Kiwischeibe von der übrigen Kiwihälfte abschneiden und bis zur Mitte einschneiden.

Den Cocktail in ein Glas gießen und mit der auf den Rand gesteckten Kiwischeibe servieren.

REGISTER

Mein Dank gilt meinem Vater Luiz, meiner Mutter Antonieta, meinem großen Bruder Junior und meiner kleinen Schwester Fabiana. Außerdem möchte ich all jenen danken, die BRAZA die Jahre über unterstützt haben!

Besonders danken möchte ich meiner Frau Lenka. Ohne dich wäre ich heute nicht da, wo ich jetzt bin.

Dieses Buch ist meinen drei Kindern Tobi, Theo und Lukas gewidmet. Ich hoffe, sie werden es eines Tages verwenden. Ich liebe euch sehr.

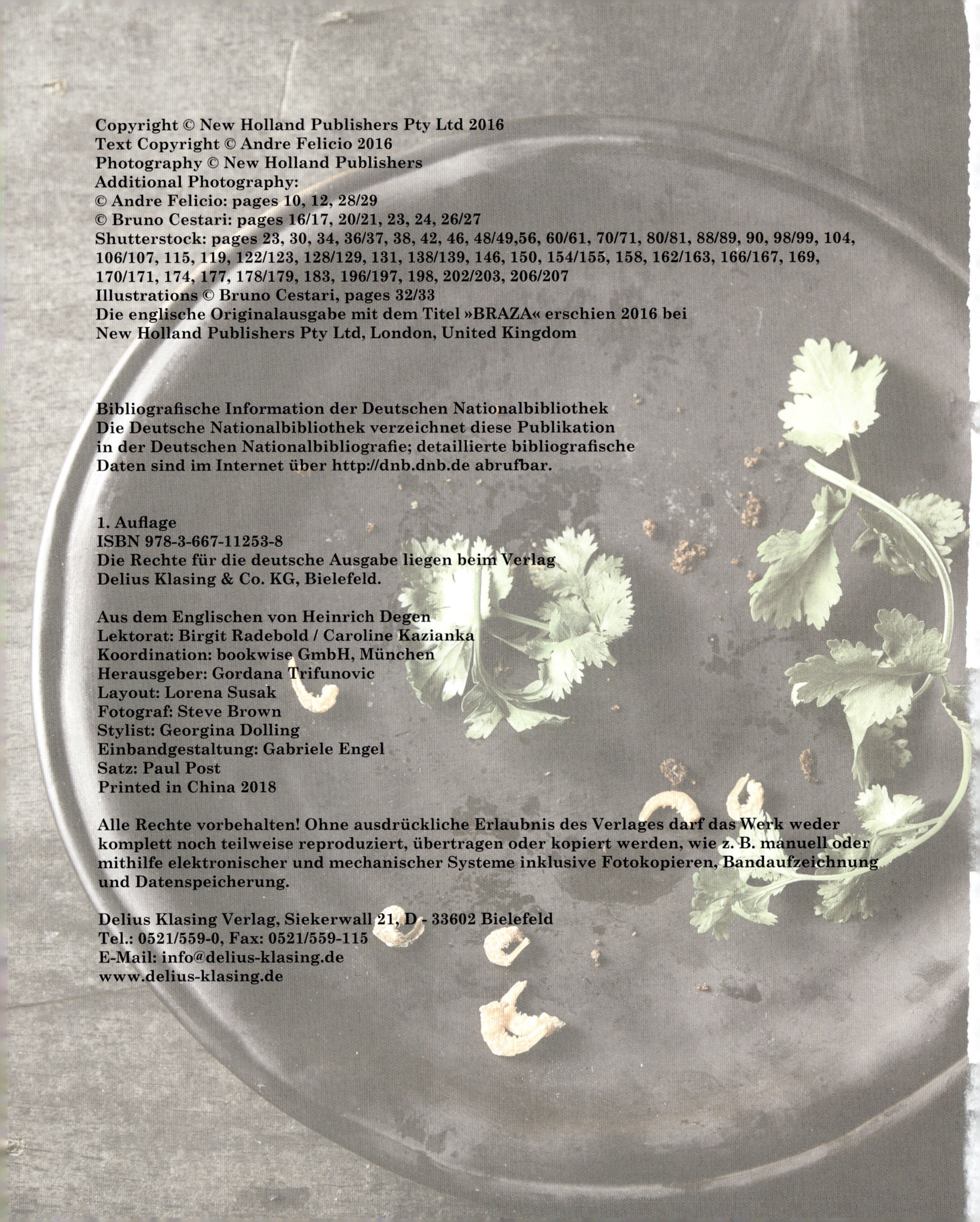

Die englische Originalausgabe mit dem Titel »BRAZA« erschien 2016 bei
New Holland Publishers Pty Ltd, London, United Kingdom

Bibliografische Information der Deutschen Nationalbibliothek
Die Deutsche Nationalbibliothek verzeichnet diese Publikation in der Deutschen Nationalbibliografie; detaillierte bibliografische Daten sind im Internet über http://dnb.dnb.de abrufbar.

1. Auflage
ISBN 978-3-667-11253-8
Die Rechte für die deutsche Ausgabe liegen beim Verlag
Delius Klasing & Co. KG, Bielefeld.

Aus dem Englischen von Heinrich Degen
Lektorat: Birgit Radebold / Caroline Kazianka
Koordination: bookwise GmbH, München
Herausgeber: Gordana Trifunovic
Layout: Lorena Susak
Fotograf: Steve Brown
Stylist: Georgina Dolling
Einbandgestaltung: Gabriele Engel
Satz: Paul Post
Printed in China 2018

Delius Klasing Verlag, Siekerwall 21, D - 33602 Bielefeld
Tel.: 0521/559-0, Fax: 0521/559-115
E-Mail: info@delius-klasing.de
www.delius-klasing.de